MON JOURNAL

Paris. — Imp. Lacrampe et Comp., rue Damiette, 2

MON JOURNAL

ÉVÉNEMENTS DE 1815

PAR

LOUIS-PHILIPPE D'ORLÉANS

Ex-Roi des Français.

II

PARIS

MICHEL LÉVY FRÈRES, LIBRAIRES-ÉDITEURS

RUE VIVIENNE, 1

—

1849

LETTRE DE LOUIS XVIII

AU DUC D'ORLÉANS.

(1)

Gand, ce 17 avril 1815.

J'ai reçu, mon cher neveu, vos lettres du 4 et du 11; elles m'ont fait un grand plaisir en me donnant de vos nouvelles et de celles de ma nièce qui, je l'espère, est tout à fait rétablie. J'ai été aussi un peu indisposé depuis mon arrivée à Gand, mais maintenant je suis beaucoup mieux.

Dans l'attente où je suis des grands événements qui se préparent et qui doivent nous offrir avant peu des chances favorables, je n'ai rien de nouveau à vous mander pour le moment; mais dès qu'il se présentera une occasion d'agir, je ne tarderai pas à vous appeler près de moi, où je vous verrai toujours avec autant de plaisir que de confiance. C'est avec les mêmes sentiments que je m'en remets à votre zèle, pour éclairer M. le prince régent et la nation anglaise sur tous les faits dont vous avez été témoin. En leur montrant l'irrésistible et funeste effet d'une défection qui m'a forcé de quitter le dernier asile où vous étiez venu me rejoindre (1), vous leur ferez voir à quel point la nation française désavoue une semblable trahison. C'est un moyen d'animer, de concilier tous les sentiments généreux dont nous devons nous faire un appui ; et personne n'est plus que vous, mon cher neveu, en position de remplir une pareille mission.

Adieu, mon cher neveu. Vous connaissez mon tendre attachement pour vous.

LOUIS.

(1) Le récit qui précède prouve que le roi se trompe, que je n'ai pu le rejoindre à Lille, que Sa Majesté m'avait envoyé commander dans le département du Nord et que j'étais à Lille avan que le roi n'y vint ; je peux même dire avant que Sa Majesté n'eû songé à y venir. L.-P. D'OR.

LETTRE DU DUC D'ORLÉANS

A LOUIS XVIII.

(2)

Londres, ce 25 avril 1815.

Sire,

Je reçois avec une vive reconnaissance la lettre que Votre Majesté a eu la bonté de m'écrire de Gand le 17 avril dernier. J'y vois avec le plus grand plaisir que l'indisposition de Votre Majesté n'a pas eu de suites, et que sa santé est de nouveau aussi bonne que nous le désirons. Je voudrais pouvoir lui en mander autant de ma femme, qui a bien souffert dans ces derniers temps, et qui a eu une toux épouvantable. Elle n'est pas encore entièrement rétablie, quoiqu'elle soit beaucoup mieux, et j'espère que l'air de la campagne, où je compte la mener à la fin de la semaine, achèvera de la rétablir. Mes quatre enfants ont la coqueluche, et la petite filleule de Votre Majesté est celle qui en souffre le plus jusqu'à présent.

J'ai déjà anticipé en partie ce dont Votre Majesté me charge pour le prince régent, et je lui ai fait un récit fidèle des tristes événements dont j'ai été le témoin. Je crois qu'il a fait sur Son Altesse royale une impression profonde et bien douloureuse ; mais Votre Majesté n'ignore pas que l'amitié que lui porte le prince régent est trop vive et trop sincère, pour que rien puisse y ajouter, et que son désir de la voir rétablir sur son trône n'est ni moins vif, ni moins sincère. Je puis même dire qu'il est constamment occupé de voir quels sont les moyens les plus efficaces d'y parvenir. J'espère n'avoir pas besoin de dire à Votre Majesté que telle est aussi mon occupation constante.

Comme Votre Majesté, je pense que les grands événements qui se préparent doivent nous présenter des chances favorables ; mais, selon moi, il est de la plus grande importance que nous les attendions, et que nous ne suscitions pas de nouvelles difficultés à en profiter, par de la précipitation et de fausses mesures. Je prie Votre Majesté de me permettre d'expliquer ce que j'entends par là.

L'objet de Votre Majesté me paraît devoir être, d'abord, le renversement de Buonaparte, sans lequel votre rétablissement est impossible, et ensuite qu'aucun autre gouvernement autre que celui de Votre Majesté ne remplace celui de Buonaparte.

Quant au renversement de Buonaparte, il me semble incontestable que Votre Majesté n'a plus aucuns moyens directs de l'opérer (au moins quant à présent), puisque toutes les tentatives qui ont été faites dans les différentes parties de la France ont successivement échoué. Je ne vois donc plus, dans l'état actuel des choses, que l'arrivée des armées étrangères à Paris, ou leur approche de cette capitale, qui puisse abattre le gouvernement de Buonaparte, et déterminer les factions qui l'entourent à l'abandonner. Votre Majesté ne doit pas se dissimuler que ce moyen, si onéreux pour la France, y excitera des sentiments dont l'application à Votre Majesté serait très-fâcheuse ; et d'ailleurs, en écartant cette discussion, inutile aujourd'hui, puisque ce sont les alliés qui croient nécessaire à leur sûreté et à leur indépendance de marcher sur Paris et de renverser le gouvernement de Buonaparte, la seule question à examiner, selon moi, pour Votre Majesté, c'est de savoir si sa présence et celle des princes dans les armées alliées ajouteront à leurs forces, ou si, comme j'avoue que je le pense, l'application au roi et aux princes des sentiments dont je parlais tout à l'heure ne les diminueraient pas effectivement en rendant celles de Buonaparte plus indissolubles, et en créant de nouvelles difficultés à ce que ce soit le gouvernement de Votre Majesté qui remplace celui de Buonaparte.

Je prie Votre Majesté de me pardonner si cette opinion lu idéplaît ; mais, dans les circonstances où nous nous trouvons, c'est le devoir de tout Français de lui dire franchement son opinion, et ce devoir est encore plus impérieux pour le premier prince du sang.

Je pense, Sire, que la présence de vos princes, dans les armées alliées, n'ajoutera pas à leurs forces, parce que je suis bien convaincu qu'aucune partie de l'armée française ne se joindra à elles.

Il ne faut pas oublier ce que l'émigration des premières années de la révolution doit nous avoir appris, et retomber, en 1815, dans les mêmes illusions qui nous ont été si funestes en 1791 et 1792; sans quoi les mêmes causes produiront les mêmes résultats, et l'émigration de 1815 ferait moins de prosélytes en France que n'en fit celle de 1791. Le séjour que nous venons de faire en France m'a mis à portée de juger l'effet qu'y a produit la présence des Français marquants dans les armées étrangères, et je suis d'autant moins suspect sur ce point, qu'avant notre retour en France je m'en étais formé une opinion différente; mais M. le duc de Berri pourra certifier à Votre Majesté car il me l'a dit lui-même bien des fois, qu'on n'a jamais pardonné au général Moreau d'avoir servi dans les armées alliées.

Or, Sire, si, d'une part, la présence des princes dans les armées alliées ne produit pas une grande défection dans l'armée française, et que, de l'autre, elle jette en France sur les princes français une grande défaveur, très-fâcheuse pour eux, et propre à créer des difficultés additionnelles au rétablissement de Votre Majesté, après le renversement de Buonaparte, il me semble qu'il faut éviter soigneusement de se placer dans cette position-là.

Cela me paraît d'autant plus important, que ne comptant plus, comme j'ai avoué au roi que je le faisais, que sur la force matérielle des armées alliées, pour leur arrivée à Paris, et ne voyant rien que cette cruelle extrémité qui puisse, quant à présent, opérer le renversement de Buonaparte, que je regarde toujours comme la conséquence naturelle de cette arrivée, il me semble que, de toutes les manières, c'est pour ce moment-là qu'il faut réserver tous vos moyens, afin qu'il s'élève, comme en avril 1814, un cri national qui détermine l'armée à se soumettre au roi, et par conséquent il me semble très-essentiel d'agir avec l'armée française de manière à diminuer autant que possible sa répugnance pour le roi. Ce qui s'est passé alors, et dont Buonaparte vient de faire connaître les détails en publiant les *Mémoires* de l'abbé de Montesquiou, trouvés chez M. de Blacas, doit faire sentir combien de difficultés le roi aura encore à surmonter, et combien d'intérêts divers il faudra concilier et réunir. Je crains qu'il y en ait encore plus cette année que l'année dernière; mais le point le plus difficile de tous sera d'organiser une force sur laquelle Votre Majesté puisse compter pour appuyer et soutenir son gouvernement.

En pensant, comme je le fais, que la compression des armées alliées sur les armées françaises soit encore le seul moyen de faciliter à la nation de réclamer Votre Majesté, je ne puis pas perdre de vue que cette compression ne peut jamais être que momentanée, et que la cruelle expérience que nous venons de faire ne nous fait que trop sentir qu'il ne peut plus nous suffire simplement, ni, je crois, à toute la nation française et à toute l'Europe, que Votre Majesté soit reconduite aux Tuileries, et que le peuple l'entoure de nouveau des cris de : *Vive le roi!* Il faut que Votre Majesté se crée en France une force physique et morale, qu'elle n'a pas eue après sa restauration, et dont l'absence a amené la catastrophe que nous avons à déplorer et à réparer, si nous pouvons.

Quelqu'intéressant que cela pût me paraître à traiter, je n'importunerai pas Votre Majesté de mon opinion sur la marche à tenir pour se procurer cette force morale, parce que cette lettre n'est déjà que trop longue, et je me bornerai à ce qui peut regarder la force physique; d'autant plus que, quelqu'essentielle que soit l'autre, je crains que ce ne soit plus par des illusions sur les moyens de se procurer la force physique, que sur ceux de se procurer l'autre, qu'on se persuade de trouver le remède, là où, selon moi, on ne trouvera qu'une augmenta-

tion terrible d'obstacles au rétablissement de Votre Majesté.

Il est clair, selon moi, et Votre Majesté a prouvé, en différentes occasions, que c'était son opinion, que la force destinée à soutenir le gouvernement ne peut jamais être, en France, une armée étrangère. Je ne m'arrêterai donc pas sur ce point et je ne m'occuperai que des moyens d'organiser une force française. Je suis plus que persuadé que, tant que Votre Majesté cherchera cette force ailleurs que dans l'élite de l'armée, elle ne la trouvera nulle part, parce qu'il n'y a jamais eu et qu'il n'y aura jamais aucune force, en France, qui puisse lutter avec l'armée, excepté des portions de cette même armée. Toute autre espèce de force a toujours été et sera toujours inefficace. Ainsi, de deux choses l'une : Ou on croit pouvoir exterminer par la guerre actuelle toute l'armée française, ce que je crois aussi impossible à opérer qu'impolitique à annoncer et plus encore à faire, si cela était faisable ; ou on doit se préparer à chercher dans cette armée les moyens de force nécessaire au soutien du gouvernement, lorsque nous serons assez heureux pour que Votre Majesté ait pu rétablir le sien.

Il me semble que l'essai que Votre Majesté a fait, l'année dernière, par l'organisation de la maison du roi, a prouvé jusqu'à l'évidence qu'aucun corps, formé sur cette base et de ces éléments-là, ne pourrait jamais lutter contre des portions et des réunions de l'armée. Il en a coûté bien cher à Votre Majesté pour la formation et l'équipement de cette maison, tandis que, d'un trait de plume, Buonaparte vient de former autour de lui 50,000 hommes de jeune garde, qui ne lui coûteront pas même plus que la simple troupe de ligne, et qui mettent dans sa maison une force supérieure à toutes celles qui pourraient se réunir contre lui en France, tant qu'il n'aura pas à lutter contre les puissances étrangères et qu'il n'aura pas à réprimer des troubles intérieurs. C'est une force comme celle-là, et organisée d'après les principes de la tactique moderne, qu'il faut, à quelque prix que ce soit, que Votre Majesté se procure après son rétablissement, sans quoi une seconde chute serait inévitable. Je n'ignore pas, Sire, que bien des gens pensent, et peut-être n'ont-ils pas entièrement tort, qu'un corps de garde ainsi organisé serait, jusqu'à un certain point, une garde prétorienne; mais je réponds que, dans l'état actuel des opinions en France, aucun corps d'armée ne défendra et ne soutiendra que ce qu'il trouvera de son intérêt de défendre et de soutenir. Ainsi il n'est pas douteux que Votre Majesté ne doive faire en sorte que cet intérêt s'y trouve, et je suis persuadé qu'avec de l'adresse et un bon système de conduite, on les contiendrait dans de justes bornes; mais je crois que personne ne me contestera qu'il vaudrait mieux que Votre Majesté fût aux Tuileries entourée d'une garde prétorienne, que de la voir à Gand, entourée des débris de sa maison militaire. Quoi qu'il en soit, il est certain qu'il n'y a pas de partie de la nation française plus importante et plus difficile à gagner pour le roi que l'armée. Plus on adoptera l'opinion que Votre Majesté m'enjoint d'inculquer, que la nation désavoue la défection de l'armée, et plus on doit, il me semble, se persuader que la nation seule ne peut pas soutenir un gouvernement que l'armée repousse, et par conséquent plus on sera dévoué au roi, plus on devra le supplier très-humblement, mais très-vivement d'adopter et de faire adopter à ses princes un système de conduite et des mesures qui laissent toujours la porte ouverte à un rapprochement avec l'armée, sans lequel Votre Majesté ne saurait jamais acquérir la solidité qui lui a manqué cette fois-ci.

Je supplie Votre Majesté de me pardonner la longueur de cette lettre et l'importunité des détails qu'elle renferme et dans lesquels j'ai cru de mon devoir d'entrer. J'espère au moins qu'elle y verra une preuve de plus de mon zèle pour son service et de mon dévouement pour son auguste famille. Je la prie d'agréer avec sa bonté ordinaire l'hommage de mon profond respect.

Sire, de Votre Majesté, etc.

LOUIS-PHILIPPE D'ORLÉANS.

LETTRE DU DUC D'ORLÉANS

AU COMTE DE BLACAS.

(3)

Londres, ce 25 avril 1815.

Je m'empresse, mon cher comte, de vous accuser la réception de votre lettre du 17 avril et de celle du roi qui y était jointe. Elles m'ont été remises par M. de Salbrun. Je vous transmets maintenant ma réponse que je vous prie de présenter à Sa Majesté. J'ai trouvé l'exactitude ordinaire du roi en défaut, dans la lettre qu'il a bien voulu m'écrire; et c'est peut-être la première fois que cela est arrivé. Le roi, en parlant de la défection de l'armée, dit qu'elle l'a *forcé de quitter jusqu'au dernier asile où vous étiez venu me joindre*. Or, je n'ai pas été joindre le roi à Lille, puisque j'y étais arrivé avant qu'il ne fût question que le roi y vînt et que j'ai eu l'honneur de l'y recevoir.

Ma femme et ma sœur, etc.

LOUIS-PHILIPPE D'ORLÉANS.

LETTRE DU DUC D'ORLÉANS

AU PRINCE DE TALLEYRAND

(4)

Londres, ce 25 avril 1815.

Vous aviez bien voulu, mon cher prince, me donner quelque encouragement au mois de juin dernier, lorsque je vous ai fait le récit de ma petite campagne diplomatique à Londres. Je ne m'attendais pas alors que j'aurais à vous en raconter une d'un autre genre; mais vous verrez par l'incluse que le roi m'a donné une mission. Ainsi me voilà dans votre corps; cela ajoute au désir que j'ai toujours eu que vous soyiez instruit de ce que je fais, quand je fais quelque chose, et de ce que je ne fais pas, quand je ne fais rien. Je le désire plus que jamais, aujourd'hui où je m'attends bien qu'on cherche un peu à dénaturer ma conduite, parce que je ne partage pas la manière de voir de certaines personnes, et qu'au lieu d'avoir l'air d'approuver ce que je regarde comme funeste et désastreux pour la cause du roi, je lui dis franchement et loyalement ce que je crois être de son véritable intérêt, du nôtre, de celui de la France et de toute l'Europe. Vous trouverez ci-jointes, mon cher prince, la copie de la lettre que le roi m'a écrite et celle de la réponse que je viens d'adresser à Sa Majesté. J'espère et je désire beaucoup qu'elle ait votre approbation. Veuillez me dire franchement ce que vous en pensez, car il n'y a point d'opinion que j'apprécie plus que la vôtre, ni de conseils que je désire plus que les vôtres et auxquels je sois plus disposé à déférer.

Je saisis avec empressement, mon cher prince, cette occasion de vous renouveler l'assurance de toute l'amitié que je vous porte, et de toute ma considération pour vous.

LOUIS-PHILIPPE D'ORLÉANS.

LETTRE DU COMTE DE BLACAS

AU DUC D'ORLÉANS.

(5)

Gand, ce 8 mai 1815.

Monseigneur,

J'ai reçu, avec la lettre dont Votre Altesse sérénissime m'a honoré, celle qu'elle adressait au roi et que je me suis empressé de remettre à Sa Majesté. Il est très-vrai, Monseigneur, que l'expression dont le roi s'est servi au sujet de sa rentrée à Lille avec Votre Altesse sérénissime, n'est pas rigoureusement exacte, puisqu'il y avait été devancé par elle ; cette inadvertance n'a pas, du reste, interverti dans la mémoire du roi l'ordre des douloureux événements qui viennent de se passer sous ses yeux, ni effacé le sou-

**

venir du dévouement que Votre Altesse lui a témoigné dans ces tristes circonstances. Sa Majesté apprend avec bien du regret que madame la duchesse d'Orléans ne soit pas encore parfaitement rétablie, et elle désire en recevoir avant peu de meilleures nouvelles.

Oserai-je supplier Monseigneur de mettre l'hommage de mon profond respect aux pieds de Son Altesse royale et de Mademoiselle, et d'agréer avec sa bonté ordinaire pour moi une nouvelle assurance du profond respect, etc...

Blacas d'Aulps.

P. S. La santé du roi est très-bonne, celle de *Monsieur* l'est également. Le duc de Wellington est venu hier à Gand. Les troupes se concentrent vers les frontières. Le maréchal Blücher a maintenant près de 100,000 hommes disponibles. Les Autrichiens seront sur le Rhin le 16, et les Russes à la fin du mois.

LETTRE DE LOUIS XVIII

AU DUC D'ORLÉANS.

(e)

Gand, ce 10 mai 1815.

J'ai reçu, mon cher neveu, votre lettre du 25 avril, et je ne puis que vous rendre grâce de la franchise avec laquelle vous me parlez de nos plus chers intérêts. J'approuve entièrement le principe de conciliation qui fait la base de votre opinion, et qui, comme vous le savez, a été la règle invariable de ma conduite. Je ne puis cependant en tirer les mêmes conséquences, et vous verrez, par ma déclaration du 2 mai, faite d'accord avec les ministres des puissances alliées, qu'en distinguant leur cause de la mienne, il n'en est pas moins indispensable que j'agisse avec elles conformément au traité fait entre nous. En me tenant éloigné de la France, je ne ferais qu'accréditer les bruits que Buonaparte cherche à répandre sur les vues intéressées des alliés, et je contribuerais ainsi à soulever contre eux la nation entière. Mon dessein est de paraître dans mes États dès que la moindre portion de terrain en deviendra accessible, mais d'y paraître à la tête d'un corps français, entouré des princes de ma maison, et m'occupant à prévenir ou du moins à tempérer les maux que la guerre entraîne à sa suite. J'ai formé dans cette vue un plan que je vous communiquerai. L'exécution n'en peut maintenant être différée, et je crois, mon cher neveu, que le moment est venu de vous rappeler auprès de moi sans délai. Partez donc tout de suite; votre prochaine arrivée me dispense d'entrer dans de plus amples détails sur des objets dont je me réserve de vous entretenir avec toute la confiance dont j'aime à vous donner un nouveau témoignage en vous renouvelant l'assurance de ma bien sincère amitié. J'espère que vous m'apporterez de bonnes nouvelles de ma nièce et de ses enfants.

LOUIS.

LETTRE DU DUC D'ORLÉANS

A LOUIS XVIII.

(7)

Richemond, ce 17 mai 1815.

Sire,

J'ai reçu la lettre dont Votre Majesté m'a honoré le 10 de ce mois. Je suis bien flatté de ce que vous daignez me dire au sujet de la lettre que j'ai eu l'honneur de vous écrire le 25 avril, et bien heureux que les principes que j'y ai posés aient obtenu votre approbation. Cependant, comme Votre Majesté ajoute qu'elle n'en tire pas les mêmes conséquences que celles que j'ai déduites dans ma lettre, je regrette vivement que Votre Majesté n'ait pas daigné me faire connaître quelles sont les conséquences qu'elle tire elle-même, et en quoi je me suis trompé. Je regrette plus encore que vous n'ayiez pas daigné me communiquer le plan dont vous me parlez, et à l'exécution duquel vous voulez bien me faire espérer que mes faibles services pourraient être de quelque utilité. Votre Majesté daigne me dire qu'elle me le communiquera dès que je serai arrivé auprès d'elle; mais j'attacherais un grand prix à le connaître avant de m'y être rendu; car, s'il se trouvait, comme j'en ai quelque crainte, que je ne crusse pas pouvoir entreprendre ce dont Votre Majesté peut avoir l'intention de me charger, il deviendrait alors bien plus pénible pour moi d'être obligé de m'éloigner d'elle, que de continuer à vivre dans la retraite où je suis aujourd'hui. Si, après avoir eu connaissance de ses intentions, je reconnaissais cette impossibilité, cela serait plus pénible pour moi, Sire, parce que ce serait plus marquant, et que cela pourrait par conséquent fournir plus de prétextes aux malveillants pour donner à ma conduite la couleur que j'ai toujours désiré qu'on ne pût lui donner.

J'ai lieu de me flatter, du moins, que jusqu'à présent Votre Majesté a rendu à ma conduite une justice à laquelle, à la vérité, je crois avoir quelques titres. Il ne m'a pas été difficile de m'apercevoir, dès le moment de mon retour en France, qu'il n'entrait pas dans les vues de Votre Majesté de m'admettre à sa confiance intime, je pourrais presque dire à sa cour, où les distinctions perpétuelles entre les princes de sa famille et ceux de sa maison produisaient sans cesse des étiquettes qui, en ravalant les princes de votre sang presqu'au niveau des particuliers, les séparaient de votre famille aux yeux du public, et les plaçait nécessairement, dans leurs rapports avec les autres princes des maisons souveraines, dans une position d'infériorité, quoiqu'ils eussent au moins le droit d'être leurs égaux, et qu'ils eussent été souvent les supérieurs même de quelques têtes couronnées, ainsi que Votre Majesté a daigné elle-même me l'apprendre; car je l'ignorais, lorsque les désagréments que nous éprouvions m'ont porté à lui faire, aux Tuileries, quelques représentations respectueuses à cet égard. Cependant Votre Majesté a pu voir que ces considérations n'ont eu aucune influence sur ma conduite, et que j'ai tout supporté pour empêcher que cela ne fût remarqué et qu'il ne pût en résulter des doutes sur la sincérité de mon attachement pour Votre Majesté. Il est bien connu, Sire, de toute la France, il est même probablement connu de toute l'Europe, que, tandis que les princes de votre famille étaient appelés constamment et une fois pour toutes à votre conseil, j'en ai été constamment exclu. Votre Majesté peut me dire que je ne m'en suis jamais plaint, que je ne l'ai jamais demandé; rien n'est plus vrai, et qu'elle me permette d'ajouter ici une autre vérité, c'est que je ne l'ai jamais désiré. Je n'ai pas désiré davantage d'aller siéger à la Chambre des Pairs, dont Votre Majesté, suivant l'ancien usage, nous a déclarés membres nés et de droit, mais dont néanmoins elle nous a effectivement exclus par l'innovation d'exiger l'assentiment royal pour que les princes pussent y siéger, et de frapper de nullité tout

ce qui serait fait en leur présence, lorsque cet assentiment n'aurait pas été préalablement exprimé et renouvelé à chaque session. Et pourquoi ne l'ai-je pas désiré ? Sire, je l'aurais vivement désiré, si j'avais pu me flatter d'obtenir cette confiance intime de votre part, sans laquelle il est impossible de pouvoir être utile dans un conseil ; ou si j'avais cru que ma présence et mes discours dans la Chambre des Pairs pussent consolider Votre Majesté sur son trône, et fortifier son gouvernement : mais, sentant, comme je le faisais, que mes opinions ne coïncideraient pas toujours avec celles de Votre Majesté et de ses ministres, j'ai préféré être dispensé de manifester les miennes. J'ai préféré ne pas être placé dans l'alternative fâcheuse pour tous, mais bien plus fâcheuse pour le premier prince de votre sang, d'approuver en apparence ce qu'ils désapprouvent en réalité, ou d'acquérir une funeste popularité par l'opposition qu'il apporte aux mesures du gouvernement et par la défaveur de la cour.

J'ai donc préféré, Sire, la nullité dans laquelle vous me placiez vous même, et Votre Majesté a vu combien je m'y suis religieusement renfermé. Ceux qui avaient le plus de préventions contre moi ont été forcés de me rendre la justice que je ne me mêlais de rien au monde que de soutenir le gouvernement de Votre Majesté par tous les moyens qui étaient en mon pouvoir, et d'éviter scrupuleusement tout ce qui pouvait ressembler à une opposition.

Sire, le premier vœu de mon cœur est de voir Votre Majesté rétablie sur son trône, et de jouir, en France, sous ses auspices, du rang et de l'existence de premier prince du sang. Voilà ce que je désire bien sincèrement et ce que, dans mon âme et conscience, je préfère à tout, ainsi que j'ai déjà eu l'honneur de le dire à Votre Majesté. Mais plus je le désire, et plus je désire que Votre Majesté adopte les mesures et le système qui peuvent la consolider le plus efficacement, et nous préserver, par cette considération, d'un second renversement, lorsque nous aurons le bonheur de voir un seconde restauration.

Il me semble, Sire, que la principale difficulté

n'est pas, aujourd'hui, de renverser Buonaparte et de reconduire Votre Majesté à Paris, mais c'est de consolider votre rétablissement et de vous procurer en France une force capable de vous préserver, ainsi que nous, d'une rechute comme celle du mois de mars dernier. C'est cela qu'en général on entend bien mal en France, non par defaut de bonnes intentions à votre égard, car je suis persuadé que tous les gouvernements désirent sincèrement que Votre Majesté soit rétablie et qu'elle le soit solidement, mais par défaut de connaissance de la France et du caractère français; et malheureusement la plupart des Français qui sortent de France se laissent tellement entraîner par leurs passions et s'échauffent tellement entre eux, que leurs opinions achèvent d'égarer ceux qui, étant étrangers à la France, auraient eux-mêmes besoin d'être guidés et éclairés sur le véritable état des choses en France, et sur la véritable disposition des esprits. Je dois avouer à Votre Majesté que cette exaltation d'opinions parmi les émigrés est un des motifs qui m'a toujours éloigné de m'aggréger à eux; car, outre que je la crois très-dangereuse et même funeste pour les intérêts de Votre Majesté, je sens et j'ai déjà éprouvé que la différence de mes opinions m'attire de leur part des désagréments auxquels je ne me soucie pas d'être exposé.

C'est pour cela, Sire, que je croirais infiniment fâcheux pour les intérêts de votre Majesté, qu'elle se présentât en France entourée d'une réunion de Français professant des opinions semblables. L'expérience de l'année dernière doit nous faire sentir combien il est important que Votre Majesté mette de circonspection dans sa conduite à cet égard, et la lettre de Votre Majesté me fait craindre que ce soit votre intention de vous mettre à la tête d'un corps français semblable à celui qui entra sous vos ordres en France en 1792. Et cette crainte est pour moi un nouveau motif bien puissant pour vous supplier de daigner permettre que je reste encore dans ma retraite. J'aime à me persuader que la sagesse de Votre Majesté remédiera aux maux que la partie de son plan,

qu'elle m'a permis d'apercevoir, me fait craindre et prévoir. J'aime même à me flatter que je me trompe dans ma manière de voir, mais je ne puis me persuader que le gouvernement de Votre Majesté soit reconnu par la France, tant que le siége en sera dans un lieu occupé et entouré par les armées étrangères. Je n'en excepterais que Paris, dont, comme j'ai déjà eu l'honneur de le mander à Votre Majesté, l'occupation me paraît devoir être nécessairement momentanée, parce que je la regarde comme un coup mortel au gouvernement de Buonaparte. Je sais avec quels soins Votre Majesté doit éviter, ainsi qu'elle daigne me le dire, *tout ce qui pourrait accréditer en France les bruits que Buonaparte cherche à répandre sur les vues intéressées des alliés*, mais je n'en sens pas moins vivement combien il importe à Votre Majesté de ménager la délicatesse, je dirai presque la susceptibilité de la nation française à cet égard. Que Votre Majesté pense bien au cri qui sera poussé en France, si c'est elle qui fait ouvrir les portes des places aux troupes alliées, et si c'est de l'une de ces places, et sous la garde d'une garnison étrangère, dont un petit corps d'émigrés ne changera pas la nature et ne fera probablement que l'aggraver aux yeux de la nation française, que Votre Majesté entreprend de gouverner la France. Plus je crois que les puissances étrangères veulent sincèrement le renversement de Buonaparte et le rétablissement de Votre Majesté, et moins je me persuade qu'elles puissent exiger de Votre Majesté des démarches qui me semblent devoir être aussi pénibles pour elle que fâcheuses pour sa cause et nuisibles à ses intérêts.

Je n'importunerai pas davantage Votre Majesté avant de connaître plus en détail le plan dont elle a daigné me parler. Ma femme m'a chargé de témoigner au roi, etc., etc.

Que Votre Majesté daigne agréer avec bonté l'hommage de mon profond respect et de mon entier dévouement.

Sire, etc.

LOUIS-PHILIPPE D'ORLÉANS.

LETTRE DU DUC D'ORLÉANS

AU PRINCE DE TALLEYRAND.

(8)

Richemond, ce 18 mai 1815.

Mon cher Prince,

Je vous ai communiqué la première lettre du roi et ma réplique du 25 avril, attachant un grand prix à ce que vous soyiez informé d'une manière exacte et précise de ce qui se passe entre le roi et moi. Je le désire doublement aujourd'hui, où la voix publique prétend que le roi vous a envoyé le comte Alexis de Noailles, pour vous proposer d'être son premier ministre. Le roi pourrait difficilement faire un meilleur choix dans aucun temps, mais surtout aujourd'hui où il est si essentiel que ceux qui entourent le roi n'aient pas cette couleur émigrée qui a fait tant de mal. Si vous en venez à bout, vous lui aurez rendu un grand service et à nous aussi, mais cela n'est pas facile. J'espère au moins que, quand vous serez premier ministre, vous ne permettrez pas qu'on appelle le premier prince du sang (ou de la maison) aussi lestement, et surtout sans le mettre dans le secret de ce à quoi on le destine, ou de ce qu'on veut qu'il fasse. Si on ne le destine qu'à faire cortége ou tapisserie, il est mieux dans sa retraite.

Recevez, mon cher prince, l'assurance de tous mes sentiments et de ma très-haute considération pour vous.

LOUIS-PHILIPPE D'ORLÉANS.

LETTRE DU DUC D'ORLÉANS

AU COMTE DE BLACAS.

(9)

Richemond, ce 22 mai 1815.

J'ai bien des remerciements à vous faire, mon cher comte, pour votre lettre du 8 mai, qui ne m'a été remise qu'il y a quatre jours par le colonel Hyde. Je suis bien heureux d'apprendre que le roi conserve un souvenir aussi favorable des vains efforts que j'ai faits, à Lille, pour arrêter un torrent qu'on ne pouvait plus maîtriser. Croyez, mon cher comte, que de mon côté, je conserve un souvenir bien précieux de l'obligeance dont vous avez été pour moi en tant d'occasions, et que j'attache aujourd'hui plus de prix que jamais à vous témoigner combien j'y suis sensible.

Recevez, mon cher comte, l'assurance de toute ma considération pour vous.

LOUIS-PHILIPPE D'ORLÉANS.

Ma femme et ma sœur me chargent de tous leurs compliments pour vous.

LETTRE DU Cte DE LALLY-TOLENDAL

AU DUC D'ORLÉANS.

(10)

Gand, ce 16 mai 1815.

Monseigneur,

Je ne remercierai jamais assez Votre Altesse de la lettre dont elle m'a honoré le 27 avril. Ce sont de ces pages qui tout à la fois éclairent, fortifient, consolent ; et j'ai besoin de tout cela. Il y avait cependant quelque chose de pénible au milieu de tous les sentiments que j'éprouvais en la lisant et la relisant : c'était la pensée que cette lettre sortait de la plume d'un Bourbon ; que la main qui tenait cette plume était celle qui avait si bien manié l'épée à Jemmapes, et que ce Bourbon n'était pas au conseil, n'était pas à l'armée, n'était dans aucun des postes où l'appellent la confiance publique et le besoin impérieux des circonstances les plus difficiles où la fatalité puisse jeter une nation et un roi.

Je ne vous cacherai donc pas, Monseigneur, que, sans demander votre agrément, mais en écoutant la voix de votre patrie, ainsi que les vrais intérêts de votre auguste maison et de son auguste chef, je n'ai pas été un seul jour ici sans parler de la nécessité de réunir dans un seul faisceau tous les princes Bourbons, et de la force incalculable que donnerait au faisceau la présence de celui qui en est maintenant éloigné. Les trois fois que j'ai pu prononcer votre nom au roi lui-même ou devant le roi, mon cœur, trop plein de vos bontés pour s'y méprendre, a été pleinement satisfait des paroles, des regards et de l'accent de Sa Majesté. Une fois c'était elle qui m'en avait fourni l'occasion, en répétant ce qu'elle avait dit un jour au duc de Bellune : *Et votre jambe, duc?* Je me

suis rappelé, Monseigneur, qu'en me racontant ce même mot, vous aviez fait une espèce de parenthèse à votre discours pour me dire d'un ton animé : « Et c'est un mot charmant du prince, il faut faire courir celui-là. » J'ai donc dit à Sa Majesté que je connaissais ce mot, en effet charmant, et par qui je l'avais connu, et avec quel accent il m'avait été transmis. C'était au conseil où assistaient les princes. Là était la personne qui avait admis si légèrement l'absurde rapsodie d'une lettre déliant les troupes du serment de fidélité, et encore une autre personne qui, à propos de l'infâme Labédoyère, avait dit : *C'est M. le duc d'Orléans qui lui avait donné un régiment;* à quoi j'avais répondu : *Il faut au moins mettre, entre le prince qui a recommandé et l'ingrat qui a obtenu, MM. de Chatelux qui, avec d'autres parents ont remué ciel et terre pour emporter cette grâce.* M. de Jaucourt m'avait fort soutenu dans cette occasion.

Plus maître de ramener aux sujets de délibération qui me paraissent les plus importants dans nos comités tenus en l'absence du roi et des princes, ou dans les conversations particulières avec M. de Blacas, c'est là, je vous l'avoue, Monseigneur, que j'ai dit sans cesse : *Mettez M... à sa place, invitez-le à s'y rendre ; c'est le plus terrible coup de massue que vous puissiez porter à l'usurpateur et aux Jacobins.* M. de Blacas m'a dit un jour : « Rien n'est si aisé, et rien n'est si difficile. » — « N'est-ce pas, lui ai-je répondu, que les facilités viennent du roi et les difficultés des envieux ? »

Enfin, Monseigneur, après une petite excursion que j'ai faite à Bruxelles, le 28 du mois passé, on m'a dit au retour : Le roi a maintenant sous les yeux quatre pages remises par M. de Chateaubriand à M. de Blacas, où l'un des articles principaux est d'inviter M... à venir au secours du roi et de l'État, et l'on propose au roi de vous envoyer porter au prince l'invitation du monarque et l'épée de connetable. Je crois, Monseigneur, que je serais mort de joie s'il m'avait été donné d'aller mettre cette épée des Duguesclin aux pieds de vos trois Altesses. La chose a traîné. *Monsieur* disait :

« Oui, sans doute, il le faut, et il faut pour lui » quelque chose de grand. D'abord, l'*Altesse* » *royale*, comme nous ; l'*entrée au Conseil*, » comme nous ; puis un grand titre ; cependant, » s'il était purement militaire, il faudrait donc » qu'il fût honorifique sans exercice ; car enfin, » puisque mes enfants se battent, ils ne peuvent » pas être commandés par un prince plus éloi- » gné. » Nous répondions à cela : « Mais c'est » précisement l'exercice qu'il faut qu'il ait, » parce que le salut est attaché à l'*action*, et » non au titre. On ne conçoit pas que le sou- » venir de l'étiquette trouve place dans la pré- » occupation du moment où l'on est, et dans » le pays même où le prince héréditaire du » trône fait passer devant lui le duc de Wellin- » gton, dont il a été l'aide de camp. »

La chose a encore traîné ; j'ai voulu en parler confidentiellement au duc de Wellington, en le priant de faire agir sa puissante influence pour cette réunion à laquelle j'attache tous les jours un plus grand prix. Je n'ai pas besoin de vous dire, Monseigneur, quelle haute idée le duc a de Votre Altesse. Il ajoutait toujours à ses éloges : *Et celui-là est soldat* ; mais il en concluait avec d'autant plus de force et de raison, qu'un titre sans exercice, quelque grand qu'il fût, était un mot vide de sens et une offre indigne de vous. Il ne concevait qu'un noyau d'armée française à mettre sous vos ordres, pour le grossir à chaque pas, et une entrée en France à remettre à vous seul, sans l'accolade de baïonnettes étrangères. Du reste, la loyauté, la délicatesse, le caractère public et privé de Votre Altesse n'ont pas eu auprès du roi de plus ferme appui ni un panégyriste plus prononcé que le duc de Wellington.

Hier, Monseigneur, à mon retour de Bruxelles, où j'avais compté passer quelques jours et d'où j'ai été rappelé sur-le-champ par l'arrivée du baron Louis à Gand, j'ai su qu'envoyer un membre du Conseil vers Votre Altesse avait paru une démarche trop solennelle, une espèce d'annonce des besoins qu'on ne devait pas supposer (excusez le soupir qui m'échappe ; de toutes les personnalités, c'est la plus excusable). On m'a assuré que la lettre du roi, qu'à présent vous devez avoir reçue, était telle qu'il convenait à S. M. de l'écrire et à Votre Altesse de la recevoir. Nous attendons tous le résultat avec confiance, mais avec une impatience égale au besoin que nous sentons tous de vous.

Que de choses maintenant, Monseigneur, j'aurais à vous dire, et sur le jugement trop véritable que vous avez porté des commissions forcées, des intentions dénaturées, des expressions où on ne reconnaît plus ses idées, et du nouveau Coblentz, et d'une haine populaire, injuste sans doute, mais invincible, à laquelle je crains qu'on ne veuille pas faire un sacrifice *indispensable.* Ce sera le sujet d'une autre lettre, si le bonheur de vous revoir ne nous est pas accordé.

Je prie leurs Altesses et la vôtre, Monseigneur, de recevoir toujours avec la même bonté les hommages de respect et de dévouement de votre très-humble, obéissant, fidèle et dévoué serviteur.

Le comte DE LALLY-TOLENDAL.

**

LETTRE DU DUC D'ORLÉANS

AU COMTE DE LALLY-TOLENDAL.

(11)

Richemond, ce 22 mai 1815.

Vous savez, mon cher comte, que je vous aime beaucoup ; mais votre lettre fait que je vous aime encore davantage, et j'ai grand plaisir à vous le dire. Si tous sentaient, pensaient, parlaient et écrivaient comme vous, le vrai roi serait bientôt à Paris, ou plutôt il n'en serait jamais parti. Mais allons au fait. Je vois que vous ne saviez rien de ce qui s'est passé entre le roi et moi depuis que je vous ai vu à Tournai. J'ai écrit à Sa Majesté le 24 mars ; j'ai écrit le 4 avril, en arrivant à Londres, et, voyant que je ne recevais pas de réponse, j'ai écrit le 11, et Sa Majesté m'a fait la grâce de me répondre, le 17 avril, la lettre dont je vous envoie une copie ci-jointe (1). J'y ajoute celle de ma lettre au roi du 25 avril (2), et la lettre du roi du 10 mai (3), et ma réplique (4). Je vous avoue, mon cher comte, que je suis confondu que ce soit par moi que vous ayiez connaissance de ces pièces, et que cela me confirme dans l'opinion que le Conseil où vous assistez n'est pas celui où se résolvent les démarches de l'autorité royale; et je vous avoue encore que cette circonstance n'est pas de nature à me faire désirer d'être membre du Conseil du roi. Quant à la lettre du 10 mai, je l'ai reçue avec respect et j'y ai répondu de même; mais je crois que j'avais le droit d'attendre une autre réplique à ma lettre du 25 avril, qu'on me paraît considérer comme si on ne l'avait pas reçue, car on

(1) Voyez page 3, n. 1.
(2) Voyez page 7, n. 2.
(3) Voyez page 33, n. 6.
(4) Voyez page 39, n. 7.

n'en discute pas un des raisonnements. Cette lettre du 10 mai vous fera voir en outre à quoi s'est réduite l'épée de connétable dont vous me parlez, et vous jugerez ensuite si cette lettre était *telle qu'il convenait au roi de l'écrire, et à moi de la recevoir*. Je vous assure qu'elle m'a fait beaucoup de peine, non pas à cause de ce qu'elle dit, car elle ne dit rien qui puisse m'en faire, mais à cause de ce qu'elle ne me dit pas, et de ce qu'elle m'a montré d'une manière évidente que le plan actuel est celui de l'armée de Coblentz en 1792; et cela m'afflige profondément. Quand Buonaparte en personne serait le dépositaire de la confiance du roi, il ne lui donnerait pas un autre conseil pour lui bien casser le col. Aussi, mon cher comte, on peut se mettre bien à son aise avec moi à cet égard, car autant je gémis que les circonstances ne m'aient pas laissé et ne me présentent pas de moyens d'être utile au roi, autant je sens de répugnance pour m'aggréger à aucun corps ou rassemblement d'émigrés *in battle arrayed*, au milieu des armées étrangères. J'ai dit toute ma vie, et *Monsieur* le sait mieux que personne : « Qu'on ne me parle pas de l'armée de Condé, » ni de l'armée des émigrés, car c'est du roi » que je veux me rapprocher, c'est de *Mon-* » *sieur*, etc., etc., mais ce n'est, ma foi, pas de » l'émigration. »

Mais voilà ma lettre qui s'allonge trop; on parle beaucoup du faisceau que doivent faire les princes, et je ne me trompe pas sur ce bon et excellent sens dans lequel vous m'en parlez, qui a été toujours le même, ainsi que j'espère en avoir donné quelques preuves pendant mon séjour en France, temps où on inventait tous les jours de nouveaux moyens d'étiquettes et autres pour faire sentir au public que j'étais étranger à la famille royale et à la confiance du roi. M. de La Bédoyère n'a pas été nommé par moi, ni lui, ni aucun colonel de mes régiments; c'est le pauvre Dupont qui est venu un jour chez moi me porter le projet de nominations qu'il avait fait pour toute l'armée, dont cependant il ne me montra que ce qui concernait mes quatre régiments; car vous n'ignorez pas que j'en avais deux de moins que les autres princes de la famille royale, et le tout pour ne pas me séparer du roi et de mes amis aux yeux du public, pour faire ce *faisceau* qu'on m'accuse déjà de rompre. Le général Dupont me proposa donc, pour l'infanterie, La Bédoyère, très-recommandé par MM. de Damas et de Châtelux, et qui n'était pas venu chez moi avant sa nomination et n'y est venu qu'une fois après, pour les dragons Bossard, pour les chasseurs Rochambeau, petit-fils du maréchal, et pour les hussards Marbot. Je lui répondis que, de tout cela, je ne connaissais que Bossard qui avait été mon adjudant dans Chartres-Dragons, et que par conséquent j'approuvais tout ce qui lui convenait. Il est revenu (Dupont) chez moi, quelques jours après, me dire que M. le duc de Berri désirait la conservation du colonel Verdier du 7e de chasseurs, et qu'il préférait mettre Rochambeau ailleurs; et je lui ai dit que cela me convenait à merveille ainsi que tout le reste. Mais à quoi bon revenir sur toutes ces pauvretés, j'en aurais trop long à vous raconter.

Le *faisceau*, that's the word, mais voici comme on l'entend et comme je ne l'entends pas et ne l'entendrai certainement jamais : c'est que tout au plus on me permettra d'émettre mon opinion. Mais une fois cela fait, il n'en sera plus question et je n'en serai pas moins tenu de faire tout ce qui y sera le plus contraire, d'agir en sens inverse de mes opinions et dans le sens que je crois le plus funeste pour le roi, pour moi, pour vous, pour la France, pour l'Europe, et le plus avantageux pour Buonaparte. Je n'entrerai jamais dans un *faisceau* formé sur cette base-là et je plaindrais de tout mon cœur ceux qui, pensant comme moi, s'y trouveraient fourrés. Mais voyez la lettre du 10 mai, et dites-moi ce qu'elle signifie.

Je suis infiniment sensible à l'idée qu'a eu M. de Chateaubriand de me faire donner par le roi l'épée de connétable, mais je pense comme le duc de Wellington, et je suis bien enorgueilli et bien heureux de me trouver d'accord avec un tel homme, *qu'un titre, sans exercice, quelque grand qu'il soit, ne doit être ni donné, ni accepté.*

Vous m'avez causé une grande satisfaction en me mandant ce que ce grand homme daigne dire de moi ; mais la lettre du 10 mai me paraît être en opposition avec sa suggestion, et on aura beau modifier, corriger, amender ce funeste plan de l'émigration qui est bien exprimé par ce malheureux vers :

Rome n'est plus dans Rome, elle est toute où je suis,

on n'en tirera jamais d'autre résultat que le sort de Sertorius ou celui des Stuarts, qui régneraient encore en Angleterre s'ils n'avaient pas eu le malheur d'être entourés d'émigrés. Il aurait fallu à leur cour la même *régénération* que je crois bien nécessaire à celle du roi, mais sur la probabilité de laquelle je craindrais de donner une opinion. Ceux qui croient qu'il suffirait de m'y faire arriver pour rallier au parti du roi tous ceux auxquels on attribue en France une préférence en ma faveur sont dans une grande erreur ; car, ce n'est qu'en quittant absolument le système de l'émigration que cette conquête peut se faire, et ma présence auprès du roi, si elle ne changeait pas le système, le ton, etc. etc., ne ferait que jeter dans les bras de Buonaparte ou de tout autre tous ceux qui ne disent du bien de moi que parce qu'ils me croient un système et un ton différents; mais cela ne les gagnerait pas au roi. Or, mon cher comte, je dois vous le dire franchement, je ne présume pas assez de mes forces pour me croire capable de régénérer la cour du roi, et, ne me sentant pas cette force, je préfère rester dans ma retraite et attendre ce que les événements décideront de nous. S'ils me présentent quelques moyens d'être utile au roi, j'en serai trop heureux ; mais je ne vois pas comment se flatter d'en trouver, si ce n'est en procurant au roi une grande addition de forces, qui ne peut être obtenue que par un grand changement radical et sincère de système. Et, jusque-là, je ne vois pas ce que je pourrais faire de mieux que de me tenir dans cette mesure, qui ne me paralyse pas pour l'avenir, et dans laquelle je ne suis pas exposé à la cruelle alternative de faire ce qui me répugne personnellement, et que je crois funeste pour le roi, ou de m'éloigner avec éclat et d'être forcé *in self lefense*, à en déduire les motifs; car vous savez, *à vos dépens*, que les émigrés ne sont pas charitables, ni tolérants envers ceux qui, quoique victimes de leurs folies, ne font pas chorus à leur extravagance, et je n'ignore pas que déjà on ne m'épargne pas dans leurs coteries.

Vous voyez, mon cher comte, avec quelle confiance je vous parle; c'est que j'attache un grand prix à ce que vous me voyiez tel que je suis. Je serais trop heureux si le roi pouvait me voir de même; mais il y a trop de gens intéressés à ce que cela ne soit pas pour que je m'en flatte. Je me sens fort de ma conscience et de ma conduite, et cela me console.

Je ne partage pas la fureur contre M. de Blacas; au contraire, j'ai eu à me louer de lui sur beaucoup de points; et d'ailleurs je ne sais que trop qu'il n'est pas l'auteur de ce dont on le charge. Je ne me cache pas qu'où l'opinion publique est prononcée contre lui, c'est un torrent auquel il serait dangereux d'opposer une résistance directe; mais ce n'est pas mon affaire dans l'état actuel des choses. J'ai lu l'*Indépendant* du 12 mai et j'en ai gémi.

Recevez, mon cher comte, l'assurance de tous mes sentiments et de toute mon amitié pour vous.

LOUIS-PHILIPPE D'ORLÉANS.

RÉSUMÉ DE NOS LETTRES.

M. de Blacas est très-impopulaire et le duc d'Orléans est très-populaire. Pourquoi? Par la même raison : parce qu'on attribue à M. de Blacas les mesures dont on ne veut pas, et qu'on est persuadé que le duc d'Orléans en ferait prendre de différentes. Mais, si, après avoir éloigné M. de Blacas, ou après avoir appelé le duc d'Orléans, le public ne voyait pas de changement de mesures, il en résulterait nécessairement que l'odieux qui s'attache aujourd'hui injustement à beaucoup d'égards à M. de Blacas s'attacherait soit au roi, soit au duc d'Orléans, soit à d'autres, mais qu'infailliblement le duc d'Orléans passerait pour avoir adopté ce système qu'on repousse, et deviendrait odieux à son tour, ou qu'il passerait pour un être nul, alternative dont très-décidément il ne veut pas ; et vous ne serez pas étonné, j'espère, mon cher comte, que j'ajoute que tant que je ne me trouve pas en mesure de servir le roi, il n'entre pas dans mes idées d'honneur d'accepter de sa part ni titre, ni faveur, et que par conséquent je désire voir ajourner l'*Altesse royale* et tout ce dont vous me dites avoir entendu parler, mais dont, loin d'avoir rien entendu, il m'est revenu des expressions bien différentes de certains côtés.

A SIR CHARLES STUART,

Ministre plénipotentiaire de S. M. B. à Gand.

(12)

Richemond, ce 19 mai 1815.

Permettez-moi, mon cher chevalier, de vous remettre les copies, que vous trouverez ci-jointes, de ma correspondance avec le roi, dont il est très-possible qu'on ne vous donne pas communication à Gand. Mais j'attache un très-grand prix à ce que vous les connaissiez, tant parce que vous êtes le ministre d'Angleterre auprès du roi, qu'en raison de la bonne volonté et de l'obligeance que vous m'avez témoignée dans toutes les occasions. J'ai encore un autre motif pour cette communication, c'est que le prince régent, qui a connaissance de ces pièces, a pensé que je ferais bien de vous les envoyer, ainsi qu'au duc de Wellington.

Le 23 mars, au moment où le roi quitta Lille et la France, je demandai à Sa Majesté ce qu'elle m'ordonnait de faire; le roi me répondit de faire tout ce que je voudrais. Alors je dis au roi que je rentrerais dans la place après l'avoir accompagné jusque sur le glacis, que j'y resterais aussi longtemps que je croirais pouvoir lui être utile, et qu'ensuite je m'en irais en Angleterre rejoindre ma femme et mes enfants qui y étaient déjà. Le roi me répondit « qu'il lui paraissait que c'était ce que j'avais de mieux à faire. » En effet, étant rentré à Lille, j'en suis reparti au bout de douze heures, le 24 mars, à trois heures du matin.

J'ai écrit au roi le même jour, dès mon arrivée à Tournai. Je lui ai encore écrit le 4 avril, de Londres où j'étais arrivé la veille, et, voyant que je n'en recevais pas de réponse, j'écrivis au roi une troisième lettre, le 11 avril. C'est de ces lettres dont le roi m'accuse réception dans la première de celles dont je vous envoie copie.

Je ne vous en envoie pas de ces premières lettres, parce qu'elles ne contenaient que des compliments et des nouvelles de santé.

Permettez-moi aussi, mon cher chevalier, de remettre un paquet pour M. le prince de Talleyrand, qui contient une copie de ces lettres, parce que, comme on m'assure que le roi l'a nommé son premier ministre, je désire doublement qu'il soit instruit de tout cela. On m'assure qu'il est attendu à Gand d'un moment à l'autre, et par conséquent je crains qu'il n'ait pas reçu les deux premières copies de ces lettres que je lui ai adressées à Vienne, et j'espère que vous voudrez bien les lui remettre s'il y vient, ou les lui faire parvenir d'une manière sûre à l'endroit où il se trouvera. Je lui mande que, s'il devient premier ministre, je me recommande à lui pour que le premier prince du sang ne soit pas appelé d'une manière aussi leste, et surtout sans le mettre dans le secret de ce à quoi on le destine, ou de ce qu'on voudrait qu'il fît ; car, si on ne le destine qu'à faire cortége ou tapisserie, il est mieux dans sa retraite.

Acceptez de nouveau, mon cher chevalier, l'assurance de tous mes sentiments et de toute ma considération pour vous.

Votre affectionné, etc., etc.

LOUIS-PHILIPPE D'ORLÉANS.

LETTRE DU DUC D'ORLÉANS

AU DUC DE WELLINGTON.

(13)

Richemond, ce 20 mai 1815.

Milord,

Permettez-moi de profiter de la bonne volonté que vous m'avez témoignée pendant votre séjour à Paris, pour vous communiquer confidentiellement les lettres que le roi de France m'a écrites, ainsi que celles que j'ai eu l'honneur d'adresser à Sa Majesté. J'attache trop de prix, Milord, à obtenir le suffrage d'un homme tel que vous, pour ne pas veiller soigneusement à ce que ma conduite ne soit pas dénaturée à vos yeux par de fausses représentations, que j'ai tout lieu de craindre dans le moment actuel, et dont une longue et triste expérience m'a appris à me défier toujours de la part de ceux avec lesquels j'ai souvent différé d'opinion. Ce n'est pas, Milord, que mon objet soit de pénétrer les vôtres. Je vous demande seulement de lire, mais nullement de me dire ce que vous penserez de ce que vous aurez lu, quoique j'en fusse très-flatté si vous le jugiez à propos, et que je sois très-disposé à entrer dans tous les développements que vous pourriez désirer. J'ai communiqué toutes ces lettres au prince régent, qui m'a autorisé à vous les envoyer.

Je regrette vivement, Milord, de n'avoir pas eu la satisfaction, qui eût été bien grande pour moi, de vous voir et de causer avec vous lorsque j'ai traversé la Belgique pour venir en Angleterre, après notre malheureuse débacle. Mais vous n'étiez pas arrivé. Il s'est passé bien des choses dans le peu de temps qui s'est écoulé entre votre départ de Paris et cette débacle, et j'aurais bien désiré pouvoir vous en entretenir, et vous faire part de mes observations sur ce que j'ai vu et entendu.

Ma femme et ma sœur, qui savent que je vous écris, me demandent de vous faire tous leurs compliments; et moi, Milord, je saisis avec grand plaisir cette occasion de vous entretenir de tous les sentiments que vous m'inspirez, et de vous assurer de ma très-haute considération.

LOUIS-PHILIPPE D'ORLÉANS.

P. S. Je ne vous envoie pas de copies des lettres que j'ai écrites au roi les 5 et 11 avril dont Sa Majesté parle dans sa première lettre, parce que ce n'étaient que des lettres de compliments de ma part.

LETTRE DE SIR CHARLES STUART

AU DUC D'ORLÉANS.

(14)

Gand, ce 16 mai 1815.

J'ai reçu, Monseigneur la lettre que Votre Altesse royale a bien voulu m'adresser en date du 19 mai, accompagnée des pièces intéressantes de la correspondance avec le roi, dont je trouve le contenu fort analogue avec nos remarques mutuelles de mon heureuse rencontre avec Votre Altesse royale à Anvers.

Je ne cesse, depuis le commencement de mon ambassade à Gand, de prêcher l'inconvenance de tout système d'émigration, et le mal qui résultera inévitablement d'une répétition de cette suite de fausses démarches de 1792, qui prouvent au delà de tout, la faiblesse de la partie réduite à s'en servir.

J'avoue cependant ne pouvoir tomber d'accord avec Votre Altesse royale sur la convenance du séjour continuel et inactif du roi hors de ses États. La possession d'une ville française, soutenue par une armée de Condé ou un corps de troupes étrangères, n'entre pas dans mon système ; mais la présence du roi en France, soutenue par un corps de troupes françaises, qui prouverait l'existence d'une opinion en faveur de sa cause, me paraît, autant que je suis en mesure d'en juger, mieux valoir que l'attente des armées étrangères pour le mettre en possession de la capitale.

Il est malheureux d'avouer nos affaires au point qu'il convient encore d'établir cette opinion. Le fait étant ainsi, cependant je ne puis croire que ce que je vois journellement à Gand offre le moyen d'y contribuer.

L'assurance que, lors de l'arrivée de M. de Talleyrand, un ministère responsable et constitutionnel sera établi est, en attendant, le seul pas vers ce but depuis la sortie de Sa Majesté de ses États.

Je n'ai pas encore eu connaissance de la réponse du roi à la dernière lettre de Votre Altesse royale. Les personnes qui jouissent de la confiance de Sa Majesté m'assurent que le roi considère et reconnaît les raisons qui ne vous permettent pas de le rejoindre. J'en suis fâché, car vos conseils dans ce moment sont plus que jamais nécessaires, et je ne cesserai jamais de regretter toute circonstance qui nous en prive. J'ai reçu le paquet pour M. de Talleyrand.

Agréez, Monseigneur, l'assurance des sentiments avec lesquels j'ai l'honneur d'être,

De Votre Altesse royale,

Le très-humble serviteur.

CHARLES STUART.

LETTRE DU DUC D'ORLÉANS

A SIR CHARLES STUART.

(13)

**

Richemond, ce 30 mai 1815.

Votre lettre du 26, mon cher chevalier, m'a fait un grand plaisir. C'est pour moi une grande satisfaction de savoir que nous continuons à voir de même, et aussi que les conseils de l'Angleterre au roi de France soient aussi sages et aussi bons. Fasse le Ciel qu'ils soient suivis ! Je le souhaite plus vivement que je ne l'espère.

Je ne suis point effrayé de la différence d'opinions que vous apercevez entre nous sur un point. Selon moi, cette différence est apparente et non réelle, et je vais tâcher de vous déduire les raisons qui me le font penser. Vous me dites, mon cher chevalier, que *la possession d'une ville française, soutenue par une armée de Condé ou par un corps de troupes étrangères, n'entre pas dans votre système ; mais que la présence du roi en France, soutenue par un corps de troupes françaises, qui prouverait l'existence d'une opinion en faveur de sa cause, vous paraît préférable à ce qu'on peut attendre des armées étrangères pour le mettre en possession de sa capitale.* Si ce plan me paraissait praticable, toute discussion serait inutile, car la première partie de la phrase relative à l'armée de Condé et aux troupes étrangères exclut ce à quoi il me semble que le roi devrait avoir une objection invariable ; mais je vous avoue, mon cher comte, que je ne comprends pas comment la seconde partie peut s'exécuter sans retomber dans la première. C'est donc la praticabilité de ce plan qu'il faut discuter ; en effet, ce n'est que sur cela que nous différons. Vous croyez qu'il est exécutable sans retomber dans les inconvénients que vous craignez autant que moi, et moi je ne le crois pas.

Je ne vois pas où et comment le roi pourrait être présent en France sans y être avec un corps étranger, et je suis persuadé que le roi lui-même ne le croit pas possible et ne s'en soucie pas. Je ne vois pas davantage où et comment le roi pourrait se former un corps français qui ne fût pas une armée de Condé, et qui pût se soutenir par lui même sans un corps de troupes étrangères ; car un corps composé de Français, mais formé hors de France, au milieu des troupes étrangères, ne passera jamais en France pour un corps français. Cela sera toujours vu en France comme l'armée de Condé, ou comme les brigades irlandaises de Jacques II, formées en France sous Louis XIV, étaient vues en Angleterre dans ce temps-là.

Quant à la présence du roi en France, il ne me paraît pas qu'il y ait un seul point du territoire français où le roi pût se présenter sans être accompagné d'une force suffisante pour résister à celles que Buonaparte a actuellement à lui opposer. Vous admettez comme moi que cette force ne doit pas être une force étrangère, ni une armée de Condé; ainsi je ne vois plus qu'une portion de l'armée française elle-même se déclarant pour le roi et l'appelant au milieu d'elle, qui fût une force analogue à l'exécution de votre plan. C'est l'expérience qui prouvera si cette force peut se trouver ou non; mais il me semble que nous devons être d'accord sur ce point, que, jusqu'à ce que le roi se soit prononcé sur une force de cette espèce, il est impossible d'exécuter votre plan, et, par conséquent, il faut passer à examiner le moyen de se procurer cette force-là.

Je pense, mon cher chevalier, qu'on aura toute l'armée française ou qu'on n'en aura aucune partie, comme cela est arrivé dans toutes les époques de la Révolution, et notamment lors de la restauration du roi et de son expulsion. Ce serait en vain, et nous en avons vingt exemples, que, par des moyens honnêtes ou malhonnêtes, on déterminerait un ou plusieurs chefs de corps à entraîner leurs troupes et à les séparer du reste de l'armée ; ils seraient eux-mêmes abandonnés par leurs troupes, ou bien il arriverait ce qui a eu lieu à Versailles lorsque le corps du maréchal Marmont passa du côté des alliés sans s'en apercevoir. On n'a pas encore pardonné dans l'armée au maréchal cette affaire-là, dont Buonaparte a fait une arme principale, quoiqu'elle ait été expliquée par le maréchal d'une manière qui devrait l'affranchir de la sévérité avec laquelle il est jugé à cet égard par ses camarades. Mais tel est l'esprit de l'armée, et elle regarde cet esprit d'inséparabilité comme une partie de son honneur.

Si je ne me trompe pas dans cette opinion, vous conviendrez avec moi, mon cher chevalier, qu'il est chimérique de se flatter de mettre le roi de France à la tête d'un corps de troupes françaises qui ne soit pas une armée de Condé (ou une armée d'Alost, ce qui me paraît synonyme), et qui soit en même temps séparé des armées alliées et assez fort pour se soutenir et pour agir soi-même.

En tout, mon cher chevalier, je crois que quand un roi n'a plus d'autre force matérielle à employer pour le renversement de son antagoniste que celle de ses alliés et par conséquent celle des étrangers à son pays, il ne doit s'occuper que d'acquérir une grande force d'opinion par une conduite honorable et prudente, en adoptant un système qui convienne à la nation, et surtout en réformant ce qui l'a offusquée et ce qui lui a déplu avant sa chute. Il doit être très-clair pour la France et pour l'Europe, et plus encore pour le roi, que Sa Majesté ne peut ni disposer des armées alliées, ni les mouvoir à son gré, ou diriger la politique de leurs cours. Par conséquent, jusqu'à ce qu'un parti français se forme en France pour le rétablissement du roi, et qu'il soit assez fort pour l'opérer, ou au moins pour se retrancher dans un point quelconque de la France où le roi pût être transporté, le roi est dévoué à l'alternative d'être nul ou d'être un instrument des cours alliées. Il est impossible d'échapper à ce dilemme, qui a paru toujours décisif contre le système de l'émigration, à la partie pensante de la nation française.

C'est à cette partie pensante qu'il faut s'adresser et ce n'est que par cette voie qu'on obtiendra de bons résultats. Votre lettre me montre encore plus ce que je savais bien avant de l'avoir reçue, c'est que vous le pensez comme moi. Vous voudriez détourner le roi du système de l'émigration, et vous avez cent fois raison, car ce n'est qu'en s'en éloignant entièrement qu'il rendra son rétablissement possible et qu'il le consolidera s'il s'effectue. On vous a promis un ministère solide et constitutionnel, et je souhaite de tout mon cœur que vous l'ayiez en réalité. J'en doute. Mais si je dois vous avouer toute ma pensée, nous avons déjà très-mal enfourné toute cette affaire, et c'est en vain que nous cherchons à la raccommoder par tous ces moyens-là; nous n'en viendrons pas à bout. L'armée d'Alost est une armée de Condé ; la réunion de Gand est un Coblentz, et, selon moi, il est impossible de donner à tout cela une apparence et une allure raisonnables.

Les conséquences de ce système d'émigration envers les individus ne sont pas moins funestes, et vraiment on ne conçoit pas qu'on y revienne encore après en avoir autant souffert soi-même ; après avoir exhibé pendant tant d'années à l'Europe, le triste spectacle de la misère des émigrés ; après les avoir vus en fardeau presque inutile sur la magnanime commisération de l'Angleterre ; après qu'on a vu le désespoir de la plupart d'entre eux et les cris de leurs familles persécutées, les amener à se résigner à l'humiliation d'aller en France fléchir le genou devant la puissance avec laquelle ils avaient juré avec tant d'imprécations de ne jamais transiger sous peine de déshonneur et d'infamie ; et les malheureux ne retiraient d'autres fruits de cet avilissement que quelques chétifs débris de leurs patrimoines, dont encore les lois sur les dettes les frustraient presque en entier. Et cependant, on recommence ; on envoie des agents partout ; on écrit de toutes parts pour faire émigrer tout ce qu'on pourra, sans savoir que faire de toutes ces victimes quand une fois elles sont hors de France et qu'elles ont tout perdu. On menace tout le monde de déshonneur et de destitution s'ils n'émigrent pas, et ainsi, comme alors, en tout, on assiste le gouvernement qu'on voudrait renverser; car, d'une part, il obtient l'éloignement de ceux qu'il serait enchanté d'avoir le pouvoir de bannir, et de l'autre on lui livre le peu de biens restés à l'ancienne noblesse et on lui fournit une ressource qu'il vendra sans doute à bas prix, mais qu'il vendra et dont il faudra bien que les ventes restent bonnes comme pour la première fois. En outre, par l'approbation que le roi donne à l'émigration, il blâme toute la France qui n'émigre pas; et tous ces malheureux, ainsi approuvés, croient acquérir des droits à la bienveillance royale qu'une saine politique oblige ensuite à ne pas reconnaître, et qu'il serait par conséquent plus loyal de décourager dès le principe. Mais à quoi bon s'arrêter sur tout cela que vous savez aussi bien que moi?

Je voudrais fixer votre attention et celle du duc de Wellington sur ce qui se passe en

France, qui est très-remarquable et très-intéressant : c'est la formation de cette assemblée dont, à la *longue*, l'existence me paraît incompatible avec celle de Buonaparte. Si c'est lui qui triomphe dans la lutte qui va s'engager, il la détruira, et ils le savent aussi bien que nous. Mais, s'il succombe ou que les alliés s'approchent de Paris, ce sera cette assemblée qui le renversera, et alors c'est avec elle que vous aurez à traiter, comme vous avez eu à traiter avec le sénat l'année dernière. Je doute fort que vous les trouviez aussi traitables, et je crois qu'ils prendront plus de précautions que n'en avait prises le sénat. Mais ce ne serait pas seulement pour ce moment-là, ce serait d'avance qu'il me semblerait essentiel d'avoir des communications avec cette assemblée, de s'assurer de ses vues, de ses projets, et surtout des conditions qu'elle pourrait exiger pour se déclarer contre Buonaparte. Croyez, mon cher chevalier, qu'un décret de cette assemblée, rendu d'accord avec vous, le pulvériserait sans coup férir, et rendrait la guerre inutile, si on pouvait l'obtenir avant qu'elle n'éclatât.

Voilà ce dont on devrait s'occuper à Gand; ce serait de démêler quels sont les sacrifices ou les concessions par lesquels le roi pourrait déterminer cette assemblée à se déclarer contre Buonaparte et pour lui; mais on préfèrerait Gand, le moyen anodin du million de baïonnettes dont lord Castelreagh a donné le détail à la chambre des communes; et les émigrés disent froidement ou sottement, si vous voulez, que cela est plus sûr (ce que je ne crois pas), et que cela exige moins de concessions de leur part (ce que je crois encore moins). Ces Messieurs ont toujours mieux aimé laisser tout à faire aux alliés, et ils croient toujours las employer comme si les armées alliées leur appartenaient et étaient à leur service!... Ce système-là ne plaît pas plus en France qu'en Angleterre, en Allemagne et en Russie, et il est aussi percicieux dans ses effets qu'absurde dans son principe.

Vous êtes bien bon de me regretter, mais je

suis bien heureux que vous reconnaissiez la justice des motifs de mon absence. Je le serais bien plus de pouvoir coopérer avec vous à faire sentir au roi ses véritables intérêts, et à concourir par tous les moyens en mon pouvoir au salut de la France, de l'Angleterre et de l'Europe. Je n'ai pas encore reçu du roi la réponse qu'on vous a dit que Sa Majesté comptait me faire, et cependant c'est aujourd'hui, 5 juin, que je termine celle commencée le 30 mai. Je ne serais pas très-étonné, mais je serais très-fâché qu'on ne me répondît pas du tout. Ce qu'il y a de sûr, c'est que depuis un mois que je suis à Richemond, le comte de la Châtre, ambassadeur du roi, n'est pas venu m'y voir, et il n'a pas cherché à avoir des communications avec moi. Encore une fois j'en suis fâché; mais, comme ce n'est pas ma faute, je m'en console.

Votre affectionné, etc.

Louis-Philippe d'Orléans.

WELLINGTON

TO THE DUKE OF ORLÉANS.

(16)

Brussel, june 6 th. 1815.

Sir,

I received your Highness's letter in due course, and y schould have answered it sooner, if y hod not wihed to Give to the subject wich it relates all the consideration which it deserves.

In my opinion, the king wos driven from it throne because he never had the real command over his army. This it a fact with wich Y. H and I were well acquainted, and wich we have frequently lamented; and even if the trivial faults, or rather follies of his civil administration, had not been committed, I believe the

TRADUCTION.

Bruxelles, 6 juin 1815.

Monseigneur,

J'ai reçu exactement la lettre de Votre Altesse et j'y aurais répondu plus tôt, si je n'avais pas désiré me donner le temps d'apporter au sujet qu'elle traite toute l'attention qu'il mérite.

Dans mon opinion, le roi a été privé de son trône, parce qu'il n'a jamais eu le véritable commandement de son armée. C'est un fait que Votre Altesse a reconnu aussi bien que moi et qui a été bien souvent l'objet de mes regrets. Quand même les fautes de détail ou plutôt les absur-

same results would hare been produced. We must considerer the king then a the victim of a successfuld revolt of his army, and of his army ouly. For whatever may be the opinion and feelings of some who took a preeminent part of the revolution, and whatever the apathy of the great mass of the population, we may, I think, set it down as certain, that even the first do not like the existing order of things, and that the last would if they dared oppose it in arms.

Now ther, this being the case, what ought to be the conduct of the king? First he ought to call for his allies, to enable him to oppose himself to his rebellions army, and he ought by his personnel countenance and the activity of his servants and adherents, to do every thing in his power to facilitate their operation, and to diminish by good order and menagement, burthens of the war upon his faithfur subjects; and to induce them to receive his allies has

dités de son administration civile, n'eussent pas été commises, je pense qu'on serait arrivé au même résultat. Nous devons considérer le roi comme une victime du succès qu'a eu la révolte de son armée et de son armée seulement ; car quels que soient l'opinion et le sentiment de quelques-uns de ceux qui ont joué un rôle marquant dans cette révolution, et quelle qu'ait été l'apathie de la grande masse de la population en France, nous pouvons, je crois, reconnaître comme certain que les premiers ne sont pas satisfaits de l'ordre actuel des choses, et que les derniers prendraient les armes, s'ils l'osaient, pour s'y opposer.

Dans cette situation, quelle doit être la conduite du roi ? D'abord il doit appeler ses alliés pour que lui-même puisse résister à son armée rebelle ; et il doit aussi, par sa concurrence personnelle et par l'activité de ses serviteurs et de ses adhérents, faire tout ce qui sera en son pouvoir pour faciliter leurs opérations et pour diminuer, par le bon ordre et par de bonnes mesures, le poids du fardeau de la guerre sur ses

friends and deliverers. The king should give an intérest to the allies to support his cause, and this can be done on ly by his côning forward in it. Sofar your Higness wil see that y differ in opinion with you regarding the conduct of the king.

In regard to your Highness, i confesse that y dont see how your Highness could have acted in a different manner up to the present period. It is not necessary that I should recite the different reason you had for keeping at a distance from the court since it has been at Ghent; but y feel them all, and y believe the king is not insensible of the weight of some of them.

But if, as may be expected, the entrance and first successes of the allies in France should indue the people to come forward, and a great party should appear in favour of the king, in differents parts of the kingdom, surety your Highness would the consider it your duty to come forward in his magesty's service. Y venture to suggest this conduct to your Highness, telling to you at the same time, that I have not

fidèles sujets, et pour les engager à recevoir ses alliés comme des amis et des libérateurs. Le roi devrait inspirer aux alliés un intérêt à soutenir sa cause, et ce ne peut être qu'en s'y embarquant et en se mettant lui-même en avant.

Votre Altesse verra donc que je diffère en cela d'opinion avec elle, relativement à la conduite du roi. Quant à ce qui concerne la conduite de Votre Altesse, je n'aperçois pas comment elle aurait pu en avoir une différente de celle qu'elle a tenue jusqu'au moment actuel. Il n'est pas nécessaire que je rappelle les divers motifs que vous avez eus pour vous tenir éloigné de la cour depuis qu'elle a été à Gand : mais je les sens tous, et je pense que le roi sent le poids de plusieurs de ces motifs.

Mais si, comme on peut s'y attendre, l'entrée et les premiers succès des armées alliées en France engagent le peuple à se déclarer en faveur du roi, si un grand parti se montrait pour lui dans les différentes parties du royaume, sûrement Votre Altesse considèrerait alors

had any conversation wit the king upon it.

Your highness will have read with pleasure the accounts of the austrian successes in Italy; upon wich y beg leave to congratulate you. That affair has turned out in all its details nearly as we expected; and y hope we shall be equally successfull in the other still greater, wich we ave about to undertake.

Y beg your, Highness te present my most respectfull compliments to madame la duchesse d'Orléans and to Mademoiselle, and to believe me with the highest considération and respect your Highness's most obedient and faithfull humble servant.

WELLINGTON.

qu'il serait de son devoir de se mettre en avant pour le service du roi.

Je hasarde d'indiquer cette conduite à Votre Altesse, vous prévenant en même temps que je n'ai eu aucune conversation avec le roi à ce sujet.

Votre Altesse aura lu avec plaisir l'exposé du succès des Autrichiens en Italie; je la supplie d'agréer que je l'en félicite. Cette affaire s'est terminée comme nous nous y attendions, et j'espère que nous serons aussi heureux dans celle bien plus importante que nous sommes au moment d'entreprendre.

Je prie Votre Altesse de présenter mes respectueux compliments à madame la duchesse d'Orléans et à Mademoiselle, et d'agréer l'hommage de la haute considération et du respect avec lesquels j'ai l'honneur d'être, etc.

WELLINGTON.

LE DUC D'ORLÉANS

AU DUC DE WELLINGTON.

(17)

Richemond, 12 juin 1815.

Milord,

Je vous remercie infiniment de la lettre que vous avez bien voulu m'écrire de Bruxelles, le 6 juin. J'y ai trouvé, avec une satisfaction bien réelle, que vous sentiez que je ne devais pas avoir agi autrement que je ne l'ai fait jusqu'à présent, et je vous prie de recevoir l'expression de ma vive reconnaissance pour avoir bien voulu me le dire avec tant de franchise et d'obligeance. Vous me faites aussi un bien grand plaisir, Milord, en me disant que le roi de France sent la force d'*une partie* des motifs qui me tiennent éloigné de lui actuellement, et ce plaisir est d'autant plus grand, que Sa Majesté n'a pas encore daigné me répondre, ni me faire faire aucune communication quelconque. Il y a même actuellement sept semaines que son ambassadeur n'est venu chez moi. Je n'y attache d'importance que parce que cela me fait craindre qu'on ne désire pas autour du roi que j'envisage l'opinion de Sa Majesté sur ce point, comme étant ce qui vous a été dit, ainsi qu'à sir Stuart, et que vous avez bien voulu me transmettre l'un et l'autre. Au reste, il faudra bien que cela s'éclaircisse avec le temps, et je l'attendrai très-patiemment.

Je vois en effet par votre lettre, Milord, que si nous sommes d'accord sur quelques points principaux, nous différons sur quelques autres, et je regrette bien vivement de ne pouvoir pas en causer avec vous ; car nous nous entendrions bien mieux en deux heures de conversation que par des lettres, quelque longues qu'elles fussent.

Le premier point sur lequel je désire arrêter

votre attention est un point sur lequel je crois que nous avons été toujours d'accord, ainsi que vous voulez bien me le rappeler ; c'est que l'opinion de l'armée a toujours été contraire au roi et aux Bourbons. Mais je ne peux pas aller jusqu'à admettre : *That the king had not the real command over his army. Y only admit that neither the hearts, nor the minds of the army were with him.* J'attache beaucoup de prix à cette distinction, parce que, s'il est vrai, comme je le crois incontestable, que depuis sa restauration jusqu'au moment qui a précédé le retour de Buonaparte en France, le roi n'a jamais rencontré aucune opposition dans tout ce qu'il a voulu faire de l'armée, et qu'il a été maître absolu d'adopter envers elle tel système et telles mesures qu'il jugeait à propos, il s'ensuit nécessairement qu'on peut penser qu'avec un autre système et d'autres mesures, on aurait pu obtenir un autre résultat. Je ne sais pas, Milord, si nous serons d'accord sur l'opinion que j'ai, que le roi pouvait gagner l'armée, s'il l'avait voulu, mais je sais que nous ne différons pas dans celle que le système du roi, et surtout celui de sa cour, étaient vicieux et impolitiques à cet égard, et nous ne différons pas davantage sur le regret que nous nous sommes mutuellement exprimé plus d'une fois sur l'impossibilité de persuader au roi et aux princes de sa famille, que l'armée était mal disposée à leur égard. Je crois, Milord, que dans une conversation avec vous, je pourrais vous prouver, ce qui serait beaucoup trop long pour une lettre, qu'aux Tuileries comme à Gand, il entrait dans le système de la cour de repousser l'armée et de la dompter au lieu de la gagner; système inexécutable pour tout le monde, selon moi, mais qui, de la part des *émigrés* envers l'*armée*, était la guerre des *pygmées* contre les *géants*. Ce n'est que dans les derniers et très-derniers moments de son existence en France, que la cour a eu quelque velléité de gagner l'armée, parce que ce n'est qu'alors que l'illusion s'est détruite, et qu'on a enfin, quoique trop tard, reconnu le besoin qu'on en avait, en éprouvant ce que c'était que la force de l'armée et la faiblesse de la cour. Je gémis que toutes ces illusions se soient renouvelées à Gand, par la confiance exagérée que les émigrés prennent toujours dans leurs moyens, et par les faux rapports dont ils aiment toujours à s'enivrer les uns les autres. Il est bien malheureux qu'ils ne puissent jamais voir nulle part les choses telles qu'elles sont; mais enfin, Milord, si la cour avait plus tôt senti sa faiblesse; si, dès son retour en France, le roi avait fait son objet principal d'adapter son système à l'opinion publique, au lieu de la folle entreprise de vouloir ramener l'opinion publique à celle des émigrés; si le second objet eût été une volonté ferme de s'amalgamer à la nation française et à l'armée dans tout ce qui ne serait pas contraire au repos et à la prospérité de l'Europe, autant qu'aux traités que le roi avait signés avec les puissances, je crois fermement, Milord, que le roi serait encore sur son trône; et je doute fort que Buonaparte se fût frotté à revenir en France, si le roi avait adopté ce système pour base de sa conduite.

Je pense, Milord, qu'à l'époque de son abdication, Buonaparte avait perdu l'opinion en France; que l'armée elle-même ne le soutenait plus que par obstination et par pique; mais que ce support était très-faible et très-partiel, parce que l'armée n'ignorait pas que la nation était aliénée de lui et charmée de s'en débarrasser. Je pense aussi que le roi avait, à cette époque, tous les avantages qu'un souverain peut désirer; mais, malheureusement, dans ce que le roi a fait de sage et de bon, et je n'hésite pas à dire qu'il a fait beaucoup d'actes de ce genre, entre autres, la Charte, la forme en a presque toujours gâté le fond, et a privé le roi et l'État des avantages qu'il aurait retirés des mêmes actes faits avec d'autres formes. Le roi n'est pas revenu en France avec la détermination de cultiver la nation française comme un amant soigne une maîtresse qu'il craint qu'elle lui échappe et dont il veut s'assurer les bonnes grâces, mais comme un père oubliant les erreurs de ses enfants, et croyant que c'est pour leur bien et leur honneur qu'il ne doit ni douter, ni permettre qu'on doute qu'il retrouve tous ces enfants-là (quoique un peu grandis depuis leur séparation) dans les mêmes sentiments, les mêmes dispositions que lorsqu'ils étaient sortis de chez lui pour entrer au collége. Le système du roi était incontestablement de ramener autant qu'il pourrait les institutions politiques et publiques, les opinions, les usages et surtout les étiquettes à ce qu'elles étaient avant la révolution, et c'est cette détermination, appliquée à toutes les branches du gouvernement, qui a amené la catastrophe du mois de mars. Je pense, Milord, que vous avez vu les choses d'assez près en France pour savoir que c'était là le système invariablement suivi à la cour, et je me dispenserai par conséquent de vous faire la longue et triste énumération de toutes les preuves que je pourrais vous en déduire, qui sont, chacune dans mon opinion, autant de fautes qu'a faites la cour, et autant de pas vers sa ruine.

Or, Milord, cette tendance rétrograde, et une multitude d'autres circonstances trop longues à détailler et qui ne sont que trop notoires, avaient créé en France une terreur des intentions de la cour, et un dégoût de ses allures, d'où il était résulté un mécontentement général, quoique peu manifesté ; et je crois que ce qui en empêchait la manifestation, ou si vous voulez, l'explosion, était la sagesse du roi, très-grande selon moi, de ne point persécuter les individus, et de respecter la liberté individuelle, parce que personne n'ayant d'inquiétude pour sa sûreté personnelle, personne n'était pressé de mettre son mécontentement en action, et chacun attendait les événements pour obtenir satisfaction selon les chances qu'ils présenteraient. Il est bien malheureux et bien regrettable qu'il soit devenu à la mode, à Gand et à Alost, d'appeler cette *sagesse* du roi sa *faiblesse* et la *cause de sa ruine*. Cette opinion-là, si elle prévaut, prépare à ces messieurs de nouvelles ruines et de nouvelles catastrophes, dont leur légèreté ne leur permet pas même aujourd'hui d'apercevoir la possibilité.

Selon moi, Milord, ce mécontentement général mais sourd, dont je vous parlais tout à l'heure (et dont M. d'André, je le dis à sa louange, m'a dit avoir bien souvent rendu compte au roi avec le plus grand détail), est ce qui a déterminé Buonaparte à revenir ; et je ne crois pas, quoi qu'on en dise, qu'il y ait eu d'autre conspiration que celle-là. Buonaparte savait très-bien qu'on ne voulait plus de lui en France ; que son système l'y avait rendu odieux, et que ses folies l'y avaient déconsidéré ; mais il a compté sur le dégoût qu'une partie de la nation avait pour les Bourbons, pour se flatter qu'on laisserait agir sans opposition l'éclat magique de son nom sur l'armée, et pour que le plaisir de se débarrasser des Bourbons éclipsât auprès d'un grand nombre, le chagrin de se retrouver sous sa férule ; et malheureusement son calcul s'est trouvé juste, et plus malheureusement encore il a fait, depuis qu'il est là, ce qu'il eût été si facile au roi de faire s'il l'avait voulu ; il a fait tous ses efforts pour rectifier son système et pour en adopter un qui plaise à la nation et lui procure son support. Je suis loin de vouloir dire qu'il l'obtiendra, car j'en doute beaucoup, et je ne le crois pas. Je pense au contraire que son caractère est si bien connu en France, que personne ne s'y fie. Mais prenons garde, Milord, que la conduite de ses antagonistes ne le fassent regarder par la France comme *un moindre mal* qu'eux.

Je crois, Milord, que les peuples de France, dans les campagnes, sont extrêmement divisés d'opinion. Dans certaines contrées, telles que celles de l'Ouest et quelques-unes des départements du Nord, les paysans sont pour le roi et les Bourbons; dans d'autres ils sont contraires aux Bourbons et à Buonaparte; dans d'autres ils lui sont décidément favorables. On dit que la plupart des départements de l'Est sont dans cette disposition. J'ai parcouru tout l'ancien Dauphiné, le Lyonnais, la Bourgogne, et je n'ai aucun doute qu'ils soient contraires au roi et aux Bourbons, et favorables à Buonaparte. En Provence, au contraire, tout leur est favorable d'une manière très-prononcée; mais, dans le reste du Midi, dont le royalisme est si vanté, croyez que les protestants ne partagent pas ce sentiment, et que, pour connaître l'opinion des différents peuples de la France, il faudrait presque faire le cadastre (et celui-là serait plus important et plus intéressant encore) de l'opinion des gens des petites villes et des grandes, et de la partie pensante de la nation. Je suis persuadé que la majorité de cette classe, la plus importante de toutes, n'est ni pour Buonaparte ni pour les Bourbons, ni précisément contre eux, et qu'ils n'ont d'opinion fixe que dans le sens négatif, c'est à-dire qu'ils ne veulent ni du système ancien de Buonaparte, ni de son arrogance, ni de son despotisme, ni de sa police, ni de ses vexations et de ses fraudes commerciales; mais que les Bourbons leur sont suspects et désagréables, qu'ils haïssent la noblesse, les prêtres et les émigrés qui, malheureusement, leur paraissent aujourd'hui inséparables des Bourbons.

Voilà, en gros, Milord, mon sentiment sur l'état des opinions de la nation francaise; pardonnez-moi de vous y avoir retenu aussi longtemps, mais je crois d'une très-grande importance que vous y donniez une considération très-sérieuse ; car je pense que vous agirez sur une base fausse si vous agissez sur celle que je trouve dans votre lettre, que vous considérez le roi comme la victime d'une révolte de son armée : *And of his army only.*

Cela est vrai, Milord, dans le sens littéral de ce qui est arrivé, car il n'y a que l'armée qui ait pris part à son expulsion ; mais cela ne serait jamais arrivé s'il n'y avait eu que l'armée *seule* qui voulût se débarrasser du roi et des Bourbons. Au moins, voilà ce dont je suis bien convaincu.

Je passe, Milord, à la partie de votre lettre qui contient votre opinion sur la conduite que le roi doit tenir dans les circonstances actuelles. Cette opinion est très-différente de la mienne ; mais cependant je crois trouver, dans ce que vous voulez bien me dire à ce sujet, un moyen de nous rapprocher, car je trouve un point sur lequel nous sommes d'accord, et peut-être qu'en partant de ce point nous pourrons arriver au même résultat.

Vous me dites, Milord : *That the king should give an interest to the allies to support his cause*, etc., etc. Nous sommes parfaitement d'accord ; mais vous ajoutez : *And this can be done only by his coming forward himself in it*, et en cela nous différons complètement ; car je crois probable que le résultat de cette mesure sera de dégoûter les alliés de sa cause, en rendant ce succès infiniment plus difficile, et encore plus incertain dans sa durée, si on parvenait à l'obtenir.

Je ne vois, Milord, qu'une seule manière par laquelle le roi puisse honorablement donner aux alliés un intérêt pour soutenir sa cause. C'est d'abord de gagner assez l'opinion publique en France, pour que le vœu national le rappelle au trône, et qu'il présente aux alliés les plus grandes facilités pour la formation d'un nouveau gouvernement, aussitôt après le renversement de celui de Buonaparte, et ensuite de donner lieu d'espérer que son gouvernement serait assez sincèrement soutenu en France et assez solidement constitué pour ne plus disparaître comme un nuage emporté sans résistance par le premier coup de vent, et pour donner à l'Europe, par cette solidité intérieure, une garantie de sa capabilité de la préserver du danger contre lequel elle marche aujourd'hui. Or, Milord, si c'est là l'intérêt général de l'Europe, si c'est cela qu'elle désire comme le meilleur, peut-être, comme l'unique moyen d'établir une paix assez solide pour que chaque puissance puisse désarmer et se remettre des maux qu'elle a soufferts, je pense que ce que le roi a de mieux à faire pour y parvenir, c'est de se tenir non pas *éloigné de la France*, comme le roi a cru que je voulais le lui recommander dans ma première lettre, mais dans une attitude de dignité qui convient toujours au malheur, et dans la tranquillité qui convient aussi à ceux qui, ne pouvant rien faire, ne veulent pas se donner l'air de faire ce qu'il ne faut pas.

Je cherche en vain, Milord, ce que Louis XVIII fera de plus dans vos armées ou à leur suite. Je cherche à quoi vous servira l'armée d'Alost. Je crois qu'ils ne vous serviront à rien, et qu'ils vous embarrasseront beaucoup ; tandis que dans l'attitude dont je parlais pour lui, le roi serait assez rapproché pour profiter de tout ce qui pourrait arriver en sa faveur en France ; et cependant il serait assez éloigné pour que vous n'en soyiez pas embarrassé si vous rencontriez des obstacles sérieux à son rétablissement. Croyez qu'il est bien essentiel, pour que le rétablissement soit solide en France, peut-être même s'opère du tout, que ce soit par la nation française et non par les alliés qu'il soit remis sur son trône. D'ailleurs, c'est ce que les alliés ont promis à la France. Ils ont dit : « Nous voulons renverser Napoléon et nous ne » voulons imposer à la France aucun gouver- » nement particulier, quoique nous désirions » beaucoup que le roi Louis XVIII soit replacé » sur le trône de France. » Ce qui me paraît comme si les alliés disaient aux Français : « Vous nous feriez un vrai plaisir de reprendre » Louis XVIII ; mais, pourvu que vous nous dé- » barrassiez de Napoléon, nous sommes contents, » et Louis XVIII restera dehors si vous ne vous

» souciez pas de lui. » Or toute la France soupçonnera la sincérité de cette déclaration si on voit Louis XVIII conduit en France par vos armées, et il en résultera deux maux très-grands : l'un, c'est qu'on croira que vous voulez imposer Louis XVIII à la France, pour ses vues particulières; et l'autre, que Louis XVIII ne paraîtra plus un roi indépendant, agissant pour le bonheur de son royaume et la prospérité de ses sujets, mais votre instrument, sacrifiant la France à vos vues. Quant à adoucir, par sa présence et par ses soins, les maux que l'invasion de combattants va nécessairement faire à son malheureux pays, croyez, Milord, que rien n'est plus fallacieux et plus impossible. Il n'est au pouvoir de personne d'adoucir ces maux-là, pas plus qu'il n'est au vôtre d'empêcher que des villes et des villages ne prennent feu pendant une bataille. D'ailleurs, un roi sans armée et sans puissance au milieu d'une telle masse, dont aucun des chefs n'est sous ses ordres, ne peut y rien faire du tout, et tout ce qu'il gagnerait à être le témoin des misères de la guerre, serait que tous les Français qui en deviendraient les victimes le regarderaient comme un des auteurs de leurs maux et qu'on l'en rendrait responsable. Enfin, Milord, pour terminer cette longue lettre qui, je le crains, a déjà épuisé votre patience, il ne me reste plus qu'à vous parler de ce que vous me dites de la possibilité qu'il se forme en France un grand parti qui appelle le roi. Alors, Milord, il est aussi juste que le roi s'y rende, qu'il serait injuste aux alliés de vouloir l'en détourner. Mais je doute beaucoup de la formation d'un parti de ce genre, qui mérite l'épithète de *grand*, et je doute encore plus que ce soit en s'occupant de la formation de ce parti-là qu'on opère une seconde Restauration.

Quant à ce qui m'est personnel, Milord, mes deux lettres au roi, dont je vous ai remis des copies, et celle que je vous écris à présent, vous mettront tellement au fait de mes opinions, qu'il me semble que vous pouvez pressentir ce que je ferai dans telle et telle circonstance. Je ne peux vraiment pas vous en dire davantage à présent. Je désire toujours de tout mon cœur servir le roi et être utile à sa cause, mais il faut que j'en voie les moyens et qu'on n'exige pas de moi des choses qui me répugnent et que je ne crois pas plus conformes aux vrais intérêts du roi qu'à ceux de la France et en même temps à ceux des alliés.

Voilà, Milord, tout ce que je puis vous dire quant à présent sur ce que je ferai. Mais ce que je puis vous dire en toute sincérité, c'est que je désire bien vivement que ma conduite continue à obtenir votre approbation, à laquelle j'attacherai toujours le plus grand prix, ainsi qu'à vous convaincre, Milord, de tous les sentiments que je vous porte et de la haute considération avec laquelle, etc., etc.

La duchesse et ma sœur me chargent de vous remercier de votre bon souvenir et de vous faire tous leurs compliments. La duchesse se joint à moi pour vous remercier de vos félicitations sur les succès d'Italie et le rétablissement du roi Ferdinand IV à Naples. Nous vous devons beaucoup de reconnaissance à cet égard et nous vous prions d'en recevoir l'expression vive et bien sincère.

LOUIS-PHILIPPE D'ORLÉANS.

SIR CHARLES STUART

AU DUC D'ORLÉANS.

(18)

Gand, ce 13 juin 1815.

J'ai reçu, Monseigneur, votre lettre du 30. Je dois m'avouer sensible à la justesse du raisonnement qu'elle renferme sur les torts irréparables de l'état malheureux de l'émigration.

Le duc de Wellington m'a donné cependant connaissance, depuis ce temps, d'une lettre qu'il a eu l'honneur de vous adresser sur l'état des affaires de la France, déclarant la conviction que les erreurs de la Cour, pendant leur séjour à Paris, n'étant point de nature à motiver un changement quelconque de gouvernement, et la révolte de l'armée ayant exclusivement contribué aux événements dont nous sommes les témoins, l'emploi des moyens extérieurs, afin de réduire cette armée à la raison, offre la seule espérance du rétablissement de la maison de Bourbon.

Or les défaites offrant la meilleure espérance de cette division, qui doit former un corps d'armée au service du roi, tout ce qui y contribuera, contribue à l'avancement de ses intérêts. Cette vérité reconnue, il me semble que l'appui des efforts par lesquels les étrangers cherchent à rétablir le roi, devient indispensable.

Je conviens que Gand me rappelle Coblentz, et que l'armée d'Alost est une armée de Condé. Aussi je crois que l'un et l'autre ne feront que du tort à la cause du roi. Le choix des anciens serviteurs pour les ministres, et le choix des militaires, dont les recommandations sont leurs titres de noblesse, offrent précisément les inconvénients qu'il fallait éviter. Mais si les noms de ceux qui ont eu part aux belles actions de l'armée française, et qui comptent la rappeler sous les drapeaux du roi, quand il entrera en France, ne parviennent à former un corps de troupes bien autrement utile que les débris qu'il réunit dans ce moment, j'avoue franchement que mes espérances du rétablissement seront fort affaiblies.

Je dis : Après que le roi sera rentré dans ses États, parce que ce n'est qu'en France que j'attends le résultat de leurs services, car l'émigration les prive, par le fait, de tout moyen d'avancer ses intérêts.

C'est dans cette occassion que nous croyons que le nom et les talents de Son Altesse royale pourraient paraître d'une manière éminemment utile au roi et à sa famille. Si Sa Majesté en tire parti dans de telles circonstances, je n'ai pas le moindre doute qu'elle ne soit un auxiliaire puissant. Comme je sais que vous me pardonnerez la franchise avec laquelle je déclare ma manière de penser, je ne prétends pas excuser l'opinion que je prends la liberté de témoigner à Votre Altesse royale sur cette matière importante.

Je prie cependant Votre Altesse royale, d'agréer l'hommage du dévouement avec lequel j'ai l'honneur d'être,

De Votre Altesse royale,

Le serviteur très-humble.

CHARLES STUART.

LE DUC D'ORLÉANS

A SIR CHARLES STUART.

(19)

Twickenham, ce 18 juin 1815.

Je vous remercie, mon cher chevalier, de votre lettre du 15 juin, et de la franchise avec laquelle vous voulez bien me dire votre opinion. Je crois que je l'aperçois tout entière, *not with standing your official capacity*, et elle me paraît, si ce n'est entièrement semblable, du moins très-analogue à la mienne.

La première question n'est pas, selon moi, de savoir s'il y aura ou s'il n'y aura pas en France un parti ou une armée (ce qui vaudrait mieux) qui se déclarât pour le roi, car c'est le temps seul qui peut nous éclairer sur ce point, mais c'est de combiner les mouvements, les démarches et le langage du roi, des princes et de leurs adhérents, de la manière la plus propre à rendre ce parti le plus fort et le plus puissant que faire se peut. Il me semble que cette question est bien négligée à Gand, et qu'on y a une telle confiance dans les forces des alliés qu'on se croit sûrs *to carry every thing with a high hand*, et qu'on ne croit pas avoir besoin de penser à autre chose, *a great mis take y apprehend.*

La seconde question présente une double hypothèse, dont la première est le cas où il n'y aurait ni armée, ni parti considérable qui se déclarât pour le roi, et où il faudrait par conséquent renoncer à son rétablissement, ou l'opérer par la force des armées étrangères, ce qui n'est peut-être pas impossible, mais ce qui ne serait certainement pas durable, et qui est ce à quoi je me sentirais la plus grande répugnance à participer.

La seconde hypothèse, qui est le cas que le

duc de Wellington paraît regarder comme le plus probable, est celle où l'entrée des alliés en France, et leurs premiers succès détermineraient la formation en France d'une armée française en faveur du roi. Il s'agirait encore de savoir de quels matériaux cette armée serait formée, quel serait son langage, quels seraient ses principes, et surtout de quelles entreprises sa force et sa composition la rendraient capables, et *tho' last not least*; il s'agirait de savoir quel serait le rôle qu'on pourrait m'y destiner, et jusqu'à quel point je pourrais me flatter d'y jouir de la confiance du roi, et d'y obtenir quelque autorité. J'ai déjà exposé tout cela à Sa Majesté. Je lui ai demandé de daigner me faire connaître les plans qu'elle m'annonçait avoir l'intention de me communiquer, ainsi que ce à quoi elle comptait m'employer, et vous conviendrez, mon cher chevalier, que le silence qu'on observe à mon égard, joint à ce que je n'ignore ni ne puis ignorer que toute l'émigration débite partout sur mon compte, ne peut pas me donner beaucoup d'encouragement.

Ce n'est donc que par la suite que je pourrai juger de ce que j'aurai ou de ce que je n'aurai pas à faire, et il est plus qu'inutile, il est impossible de s'en occuper aujourd'hui et de se former sur tout cela des opinions prématurées, que les circonstances pourraient très-bien nous obliger à changer. Je vois avec un grand plaisir que le duc de Wellington et vous approuvez ma conduite jusqu'à présent, et cela me suffit. J'espère qu'à cet égard je serai aussi heureux à l'avenir.

Puisque vous avez vu la lettre que le duc de Wellington m'a écrite le 6 juin, je présume que vous avez vu ma réponse. Cependant, comme vous pouvez être bien aise d'en avoir une copie, j'en ai fait faire une pour vous, que vous trouverez ci-jointe.

Recevez, mon cher chevalier, l'assurance de tous mes sentiments et de toute ma considération pour vous.

Votre très-affectionné, etc., etc.

LOUIS-PHILIPPE D'ORLÉANS.

LE C[TE] THIBAUT DE MONTMORENCY

AU DUC D'ORLÉANS.

(20)

Ce 13 juin 1815.

Monseigneur,

Je crois aujourd'hui devoir causer avec Votre Altesse d'un sujet que j'ai déjà traité, mais que je n'ai jamais perdu de vue, parce qu'il intéresse trop Monseigneur pour que je ne le regarde pas comme personnel, les véritables amis des princes étant ceux qui ne leur cachent point la vérité, quand ils la croient nécessaire à leur bien-être. J'aime à faire voir à Monseigneur que c'est le seul motif qui me porte à lui parler avec franchise. Si je ne puis lui faire partager ma manière de voir, j'aurai au moins rempli la tâche imposée à tout homme d'honneur qui sait apprécier la bienveillance d'un prince tel que Monseigneur. J'ai eu l'honneur de mander, dans le temps, à Son Altesse tout ce qui avait été dit à son égard, et il a eu la bonté de me répondre qu'il avait écrit au roi une lettre, en date du 25 avril, contenant son opinion sur ce qu'il y avait à faire. Je ne sais si depuis ce temps Monseigneur a eu une réponse, et si la correspondance continue toujours, mais ce qui est à ma connaissance, c'est qu'on n'ignore pas la manière de voir de Monseigneur, et que les gens les moins exagérés la désapprouvent; comme il y a des arguments pour et d'autres contre, il serait trop long de chercher à combattre les raisons qui vous sont favorables, ce qu'il y a de certain (ce que Monseigneur ne peut désavouer), c'est qu'aujourd'hui Son Altesse se trouve isolée de tous les princes de sa famille, ne voulant pas revenir près d'eux, sachant qu'on parle beaucoup d'un parti d'Orléans, ayant peut-être été dans le cas de recevoir des ouvertures à ce sujet (chose dont je ne doute pas) ; et Monseigneur laisse subsister les espérances et les craintes en gardant un silence profond, qui laisse tous les partis en suspens. C'est ce silence qui nuit à Monseigneur. Tout le monde n'est pas obligé de connaître Monseigneur comme je le connais, tout le monde ne peut donc pas savoir que sa conduite n'est que la conséquence de sa manière de voir ; on n'envisage que les faits. Le roi est à Gand, jusqu'à présent il est le chef du gouvernement, il désire avoir Monseigneur le duc d'Orléans près de lui ; il fait appel à tous les Français ; seront-ils utiles ou non ? La mesure est-elle bonne ou fausse? Je n'en sais rien. Ma façon de penser là-dessus est fixée; mais il me suffit de savoir que je dois obéir pour que je coure aveuglément les mêmes chances que mon souverain. Mais Monseigneur ne venant point à Gand, il lui eût été très-facile de détruire le mauvais effet que produit son absence, en faisant connaître à la France entière, par une déclaration, les sentiments qui l'animent pour le roi. Cette opinion n'est pas seulement celle des émigrés du nouveau Coblentz, c'est aussi celle des honnêtes gens de la France, et je puis même dire celle des étrangers.

Monseigneur croyant aussi parler à des gens sûrs se laisse aller quelquefois à des plaisanteries sur Alost, l'émigration, etc., etc. Toutes ces choses-là, qui sont dites d'abondance et de gaîté, sans y attacher aucune importance, finissent toujours par revenir aux oreilles des personnes intéressées, et font croire qu'il existe de l'opposition de la part de Monseigneur.

C'est certainement une très-bonne chose que de ne pas chercher à se dépopulariser, mais il faut aussi voir si à l'avenir cet avantage peut seul faire le bonheur de la vie, et si, en tenant tant à ce mot là, on ne risque pas de gâter son existence. Et c'est l'incertitude de cette existence future qui m'a engagé à parler à Monseigneur aussi franchement, parce qu'on oubliera difficilement les refus que Monseigneur aura faits de se rendre près du roi, et le silence qu'il aura gardé sur le parti qu'on savait exister en France.

Croyant avoir dit à Monseigneur ce que je devais lui dire, il ne me reste plus maintenant qu'à lui renouveler l'assurance d'un attachement qui lui est dû à tant de titres. Je prie Monseigneur de vouloir bien agréer le profond respect avec lequel j'ai l'honneur d'être,

Son très-humble et très-obéissant serviteur.

Le comte DE MONTMORENCY.

LE DUC D'ORLÉANS

AU COMTE THIBAUT DE MONTMORENCY.

(21)

Twickenham, ce 16 juin 1815.

C'est de nouveau dans le vieux Twick... que je reçois, le 16 juin, votre lettre du 15 juin. Personne ne peut rendre plus de justice que je ne le fais aux motifs qui vous ont dicté votre lettre du 15 juin, ni être plus convaincu de la sincérité de votre amitié pour moi. Je suis sûr que vous pensez ce que vous dites, et que ous me le dites pour ce que vous regardez comme mon vrai bien, et que c'est comme ami que vous gémissez de mon aveuglement; mais je vois la chose sous un point de vue tout différent. J'ai donné au sujet toute la réflexion dont je suis capable; j'ai entendu et lu, je crois, tout ce qu'on peut entendre et lire là-dessus, et plus j'ai entendu, lu et réfléchi, plus j'ai vu de raisons de persiter dans l'opinion que j'ai adoptée et dans le système que j'ai toujours suivi à cet égard pendant toute ma vie, et dont *le qu'en dira-t-on* des uns et des autres ne m'a jamais fait dévier. Ce système est celui qu'aucune considération ne me fera jamais enrégimenter comme Français dans des corps français formés au milieu des armées étrangères et sous leur influence; voilà ce que j'appelle l'émigration, et voilà ce à quoi j'ai toujours répugné de m'aggréger et avec quoi j'ai toujours craint d'être confondu. Vous savez que je l'ai toujours pensé. Le roi, les princes et *Monsieur* connaissent depuis longues années ma façon de penser à cet égard. Aussi quand j'ai été invité à aller à Gand, j'ai demandé : Pourquoi faire? Car si c'était pour cela, il vaut beaucoup mieux que je ne m'y présente pas.

Vous ne pouvez pas avoir oublié tout ce que

je vous ai dit sur cela avant de quitter la France, et tout ce que je vous ai annoncé que je ferais, et qu'alors vous trouviez bien. Vous ne le pensez plus, quoique je présume, d'après ce que vous me dites dans votre lettre, que vous pensez comme moi sur l'inutilité et le danger de tout ce qu'on fait et dit à Gand et à Alost. Mais pour être effrayé de tout ce que vous entendez dire sur mon compte à ces messieurs, et des menaces dont vous parlez, moi, je suis plus habitué à tout cela, et je ne m'en découragerai pas. Si je n'empêche pas ce que je désapprouve, j'empêcherai au moins qu'on ne m'y attelle. Vous avez pourtant raison de me recommander la retenue sur les plaisanteries; car tout cela prête tellement au ridicule qu'il faut être sur ses gardes pour que ce qu'on en dit ne participe pas un peu de la moquerie. Mais je crois avoir été très-circonspect, et j'imagine qu'on me fait parler, ce qui est une ancienne habitude de 1789, qui revient avec ces opinions-là. Mais je suis étonné que vous regardiez comme certain que j'aie eu des ouvertures en

France ; je n'en ai eu aucune, à moins que vous n'appeliez des ouvertures, d'entendre ce que vous me mandez, comme tant d'autres, sur l'état des opinions, ou, si vous voulez, des partis en France. Je suis tombé de mon haut en voyant écrit de votre main, à la suite de ce que vous me dites de ces prétendues ouvertures: *Chose dont je ne doute pas*, et je ne conçois pas ce qui a pu vous inspirer cette prétendue certitude.

Je suis fâché que vous ayez l'air de croire que j'attache autant d'importance à me populariser. J'espérais avoir été assez longtemps vu du monde et surtout de vous, pour que la simplicité de ma conduite vous fût mieux connue. J'aurais quelques droits, mon cher chevalier, à être autrement jugé, et *spoken of* par certaines personnes après ma conduite pendant la Restauration. Je n'aime pas plus qu'un autre que l'on s'imagine pouvoir me déterminer, par des menaces, à faire ce que je ne crois ni honorable, ni utile ; mais je voudrais que les menaçants n'oubliassent pas que la menace ne va pas à leur position ; qu'elle irrite ceux à qui elle est adressée, et qu'elle est un nouveau motif pour la continuation de ce qu'on veut faire cesser. Si on m'attaque, je ne serai pas en peine de me défendre; mais je desire trop sincèrement me maintenir en bons termes, pour aller, de gaîté de cœur, commencer la polémique et me mettre à faire des déclarations. Je n'en ai nulle envie et je n'en ai d'autre que de me tenir tranquille dans mon coin, tant que les événements ne m'appelleront pas à faire ce que je croirai utile et honorable.

Je vous embrasse.

LOUIS-PHILIPPE D'ORLÉANS.

LE DUC D'ORLÉANS

AU ROI.

(22)

Twickenham, ce 12 juillet 1815.

Sire,

Je m'empresse d'offrir à Votre Majesté mes très-humbles félicitations sur son heureux retour en France et son arrivée à Paris, et je la supplie de les agréer avec bonté.

J'ai été vivement affligé que Votre Majesté n'ait pas daigné répliquer à la dernière lettre que j'ai eu l'honneur de lui adresser le 18 mai, ni me faire faire aucune communication quelconque depuis cette époque; et ce silenee, joint à la conduite envers moi de votre ambassadeur près de cette cour, qui s'est abstenu de tous les rapports ordinaires d'une manière aussi marquante pour moi que remarquable pour le public, ne m'a que trop donné lieu de craindre d'avoir encouru le déplaisir de Votre Majesté, en attendant ici qu'elle daignât me faire connaître quelle était la part qu'elle me destinait dans l'exécution du plan qu'elle m'avait annoncé. Cependant, Sire, il me semble que les événements n'ont que trop confirmé ce que j'avais eu l'honneur de vous mander, pour que la manifestation de mon opinion ait pu vous déplaire. Quant à la répugnance que j'ai cru devoir ne pas cacher au roi, que j'éprouverais pour m'aggréger à un rassemblement d'émigrés français, formé au milieu des armées étrangères, j'ose me flatter que la déclaration que Votre Majesté a publiée à Cambrai, dans laquelle elle annonce avoir défendu à tous les princes de sa maison de paraître dans les rangs étrangers, a pleinement établi que le roi partageait les sentiments qui m'inspiraient cette répugnance.

Que Votre Majesté me permette de lui rappeler les opinions que je lui ai manifestées il y a deux mois.

J'ai dit, Sire : « que je ne voyais plus, dans l'état actuel des choses (où on était alors), que l'arrivée des armées étrangères à Paris, ou leur approche de cette capitale, qui pût abattre le gouvernement de Buonaparte ; mais que votre Majesté ne devait pas se dissimuler que ce moyen, si onéreux et si pénible pour la France, y exciterait des sentiments dont l'application à votre Majesté serait très-fâcheuse. »

J'ai dit « que votre présence et celle de vos princes dans les armées alliées n'ajouteraient rien à leurs forces, parce que j'étais bien convaincu qu'aucune partie de l'armée française ne se joindrait à elles. »

J'ai ajouté que : « Ne comptant plus, comme j'ai déjà avoué au roi que je le faisais, que sur la force matérielle des armées alliées pour leur arrivée à Paris, et ne voyant que cette cruelle extrémité qui pût alors opérer le renversement de Buonaparte, il me semblait que c'était pour ce moment-là qu'il fallait réserver tous vos moyens (et je pense aujourd'hui que plus on est attaché à Votre Majesté, plus on doit regretter qu'elle ne l'ait pas fait), afin qu'il s'élevât en sa faveur un cri national qui déterminât l'armée à se soumettre au roi (comme cela était arrivé en avril 1814) ; qu'il me semblait par conséquent très-essentiel d'agir avec l'armée française de manière à diminuer autant que possible sa répugnance pour le roi. »

Je disais encore « que nous ne devions pas perdre de vue que la compression des armées étrangères ne pouvait jamais être que momentanée, et que la cruelle expérience que nous venions de faire ne faisait que trop sentir qu'il ne pouvait plus nous suffire, ni à la nation française, ni à l'Europe, que Sa Majeste fût reconduite aux Tuileries, et que le peuple l'entourât de nouveau de cris de : *Vive le roi!* Qu'il fallait que Votre Majeste se créât une force physique et morale qu'elle n'a pas eue après sa restauration et dont l'absence a amené la catastrophe du mois de mars. »

Il ne me reste plus, Sire, qu'à souhaiter

bien sincèrement que Votre Majesté se procure cette force physique et morale, et la supplier d'agréer avec bonté l'hommage de mon profond respect et de tout mon dévouement.

Sire,

De Votre Majesté etc., etc.

LOUIS-PHILIPPE D'ORLÉANS.

FIN DE LA CORRESPONDANCE.

APPENDICE.

Il m'a paru nécessaire d'insérer dans un appendice les différentes pièces officielles dont j'ai parlé; savoir :

1° *La déclaration du congrès de Vienne, en date du* 13 *mars* 1815 ;

2° *Les deux ordonnances du roi de France, datées de Lille, le* 23 *mars* 1815 ;

3° *La relation des événements qui se sont passés avant et après le* 20 *mars* 1815, *sur laquelle j'ai fait quelques notes qui se trouvent à la suite.*

Ces pièces ont été extraites littéralement du premier numéro du Journal universel, *qui fut publié à Gand, le* 14 *avril* 1815. *Le* Journal universel *devait remplacer le* Moniteur universel, *que l'on continuait à publier à Paris. Il était de même sous la direction du roi, ou plutôt sous celle des ministres dont Sa Majesté s'était entourée pendant sa résidence à Gand, et il est certain qu'on voulut le faire considérer comme l'interprète exact et même officiel du gouvernement du roi ; mais aucun acte légal, aucune notification quelconque ne lui a jamais donné un caractère officiel, et par conséquent, quoiqu'on doive croire à l'authenticité des documents qu'il publiait, cependant il n'a jamais pu être considéré que comme une simple gazette.*

DÉCLARATION.

Les puissances qui ont signé le traité de Paris, réunies en congrès à Vienne, informées de l'évasion de Napoléon Buonaparte et de son entrée à main armée en France, doivent à leur propre dignité et à l'intérêt de l'ordre social une déclaration solennelle des sentiments que cet événement leur a fait éprouver.

En rompant ainsi la convention qui l'avait établi à l'île d'Elbe, Buonaparte détruit le seul titre légal auquel son existence se trouvait attachée. En paraissant en France avec des projets de trouble et de bouleversement, il s'est privé lui-même de la protection des lois, et a manifesté à la face de l'univers qu'il ne saurait y avoir ni paix ni trève avec lui.

Les puissances déclarent en conséquence que Buonaparte s'est placé hors des relations civiles et sociales, et que, comme ennemi et perturbateur du monde, il s'est livré à la vindicte publique.

Elles déclarent en même temps que, fermement résolues à maintenir le traité de Paris, du 30 mai 1814, intact, et les dispositions sanctionnées par ce traité et toutes celles qu'elles ont arrêté et qu'elles arrêteront encore, pour le compléter et le consolider, elles emploieront tous leurs moyens et réuniront tous leurs efforts pour que la paix générale, objet de tous les vœux de l'Europe et but constant de leurs travaux, ne soit pas troublée de nouveau, et pour la garantir de tout attentat qui menacerait de replonger les peuples dans les désordres et les malheurs des révolutions.

Et, quoiqu'intimement persuadés que la France entière, se ralliant autour de son souverain légitime, fera incessamment rentrer dans le néant cette dernière tentative d'un délire criminel et impuissant, tous les souverains, animés des mêmes sentiments et guidés par les mêmes principes, déclarent que, si, contre tout calcul, il pouvait résulter de cet événement un danger réel quelconque, ils seraient prêts à donner au roi de France et à la nation française, ou à tout autre gouvernement attaqué, les secours nécessaires pour rétablir la tranquillité publique, et à faire cause commune contre tous ceux qui entreprendraient de la compromettre.

La présente déclaration, insérée au protocole du congrès réuni à Vienne, dans la séance du 13 mars 1815, sera rendue publique.

Vienne, le 13 mars 1815.

Suivent les signatures dans l'ordre alphabétique des cours.

Autriche. — Le prince de Metternich ; le baron de Wessemberg.

Espagne. — Gomez-Labrador.

France. — Le prince de Talleyrand ; le duc de Dalberg ; le comte de Latour du Pin ; le comte Alexis de Noailles.

Grande-Bretagne. — Le duc de Wellington ; Clancarty ; Cathcart ; Stewart.

Portugal. — Le comte Palmela ; Saldanha ; Lobo.

Prusse. — Le prince de Hardenberg ; le baron de Humboldt.

Russie. — Le comte Rasumowsky ; le comte de Stackelberg ; le comte de Nesselrode.

Suède. — Le comte de Lowenhielm.

ORDONNANCES

DU ROI DE FRANCE.

Louis, par la grace de Dieu, roi de France et de Navarre,

A tous ceux qui les présentes verront, salut.

Considérant d'urgence les circonstances et le devoir qu'elles nous imposent d'exercer dans toute leur étendue les droits de notre puissance royale, conformément à l'article 14 de la Charte constitutionnelle (1),

(1) Article 14 de la Charte constitutionnelle : Le roi est le chef suprême de l'État, commande les forces de terre et de mer, déclare la guerre, fait les traités de paix, d'alliance et de commerce, nomme à tous les emplois d'administration publique et fait les règlements et ordonnances nécessaires pour l'exécution des lois et la sûreté de l'État.

Avons ordonné et ordonnons ce qui suit :

Art. 1er. Il est défendu à tous nos sujets qui se trouveraient momentanément sous la domination de Napoléon Buonaparte de payer au gouvernement dit impérial aucune espèce d'impôt direct ou indirect, sous quelque dénomination que ce soit, à quelqu'époque que cet impôt ait été établi, soit qu'il l'ait été légalement par le concours des deux chambres et de notre autorité, ou par tout autre corps politique illégalement convoqué, ou par la violence d'une autorité arbitraire soit civile, soit militaire ;

Art. 2. Il est également défendu à tous préfets, inspecteurs des finances, receveurs-généraux et particuliers, payeurs, directeurs des contributions directes et indirectes, des douanes et de l'enregistrement, et généralement à tous les comptables dépendant du ministère des finances, de verser les fonds qu'ils pourraient lever ou avoir en main dans les caisses dites impériales.

Les agents ci-dessus dénommés qui, ayant eu connaissance de notre présente ordonnance, auraient négligé de s'y conformer, perdront les cautionnements qu'ils pourraient avoir fournis, ou seront tenus de payer une seconde fois à notre trésor les fonds livrés par eux à Napoléon Buonaparte; déclarant nuls, et de nul effet, à l'égard de ces agents, toutes quittances et reçus délivrés par les autorités du gouvernement dit impérial;

Art. 3. Les ventes de bois et de biens communaux, autorisées par le dernier budget, sont suspendues dans les départements envahis par Napoléon Buonaparte. Toutes celles qui seraient faites à ce sujet, postérieurement à ladite ordonnance, sont déclarées nulles et non avenues;

Art. 4. Dans les provinces où la trahison de quelques corps de l'armée et la tyrannie de Napoléon Buonaparte n'ont point encore opprimé les agents de l'autorité royale, on suivra, pour le versement de l'impôt, l'instruction de notre ministre des finances, en date du 12 de ce mois ;

Art. 5. Nos ministres secrétaires d'État des finances et de notre maison sont chargés, chacun en ce qui le concerne, de l'exécution de la présente ordonnance.

Donné à Lille, le vingt-troisième jour du mois de mars de l'an de grâce mil huit cent quinze, et de notre règne le vingtième.

LOUIS.

Par le roi :

BLACAS-D'AULPS.

Pour copie conforme :

Le Ministre et Secrétaire d'État de la maison du Roi,

BLACAS D'AULPS.

Louis, par la grace de Dieu, roi de France et de Navarre,

A tous ceux qui les présentes liront, salut.

La trahison de presque tous les cor sp de l'armée destinée à défendre la patrie, rend indispensable de changer entièrement les mesures que nous avions cru devoir prendre.

Voulant prévenir de nouveaux malheurs, dont nos peuples sont menacés par la présence de Napoléon Buonaparte sur le territoire français;

Considérant que la conscription a été abolie par le douzième article de la Charte constitutionnelle, et que le recrutement de l'armée de terre et de mer n'a pu être encore déterminé par une loi;

Vu l'article 14 de ladite Charte, qui met à notre disposition toutes les forces de terre et de mer;

Considérant que, par le même article de la Charte, il nous appartient de faire et de publier les ordonnances et les règlements nécessaires à la sûreté de notre royaume; que nous avons été solennellement invité par la chambre des pairs et par la chambre des députés des départements, dans leur adresse du 17 de ce mois, à faire usage de cette autorité dans toute son étendue;

Considérant enfin qu'à tous les pouvoirs dont nous investissent, dans les temps ordinaires, notre titre royal et la Charte constitutionnelle, viennent se réunir, dans une crise si périlleuse, tous ceux que le danger, la confiance, la volonté de la nation, et le vœu exprimé par ses représentants nous imposent le devoir d'exercer;

A ces causes, nous avons ordonné et ordonnons ce qui suit :

Art. 1er. Il est défendu à tout Français, soit qu'il ait fait précédemment partie de nos troupes, soit qu'il n'ait point servi, d'obéir à aucune prétendue loi de conscription, de recrutement, ou à tout ordre illégal quelconque qui émanerait de Napoléon Buonaparte, de tout corps ou autorités politiques, civiles et militaires qu'il pourrait appeler ou établir, et qui lui auraient obéi depuis le 1er mars 1815, ou lui obéiraient à l'avenir ;

Art. 2. Il est pareillement défendu à tous nos gouverneurs et aux officiers-généraux commandant dans les divisions militaires et dans les départements de notre royaume; aux officiers de notre gendarmerie royale, et à tout gendarme qui en fait partie; à tout colonel, major ou chef de corps, comme aussi à tous nos amiraux et autres officiers de notre marine royale ; aux préfets maritimes et aux commandants de nos ports et arsenaux ; à tous préfets, sous-préfets, maires ou adjoints de maire, d'exécuter ou de faire exécuter aucune des prétendues lois de conscription ou de recrutement, ou aucun des actes ou ordres illégaux mentionnés dans l'article précédent ;

Art. 3. Tout Français qu'on voudrait contraindre à passer sous les drapeaux de Napoléon

Buonaparte est autorisé par moi à s'y soustraire, même à main armée ;

Art. 4. Tout gouverneur ou officier général commandant dans nos divisions militaires ou dans les départements de notre royaume ; tout colonel, major ou chef de corps ; tout commandant de nos places, forteresses ou postes de guerre ; tout officier de nos corps royaux du génie ou de l'artillerie ; tout amiral, vice-amiral, ou autre officier de notre marine royale, préfet maritime et commandant de nos ports ou arsenaux, qui, au mépris du serment qu'il nous a prêté, aurait adhéré au parti de Napoléon Buonaparte, sera destitué, privé de toute solde d'activité ou pension pour l'avenir, à moins qu'après avoir eu connaissance de notre présente ordonnance, il ne rentre à l'instant dans son devoir envers nous ;

Art. 5. Nous licencions par la présente ordonnance tous officiers et soldats des corps de terre et de mer qui, entraînés par des chefs qui nous ont trahi, auraient participé à la révolte et passé momentanément sous le commandement de Napoléon Buonaparte ou de ses adhérents, et nous ordonnons à cesdits officiers et soldats de se rendre sur-le-champ dans leurs foyers;

Art. 6. Nos ministres de la guerre et de l'intérieur sont chargés, chacun en ce qui le concerne, de l'exécution de la présente ordonnance.

Donné à Lille, le vingt-troisième jour du mois de mars de l'an de grâce dix-huit cent quinze, et de notre règne le vingtième.

Louis.

Par le roi :

En l'absence du ministre secrétaire d'Etat de la Guerre,

Le Ministre d'état,

François de Jaucourt.

Pour copie conforme :

Le Ministre Secrétaire d'État de la Guerre,

Duc de Feltre.

NOTE

SUR LES ORDONNANCES PRÉCÉDENTES.

J'ai déjà dit que, quoique ces ordonnances portent la date de Lille le 23 mars 1815, cependant elles n'y ont reçu aucune promulgation ni publication quelconque. Je ne prétends pas examiner ici si aucun acte d'aucun souverain peut être justement considéré comme une *loi* lorsqu'il n'est pas promulgué, publié ou notifié *dans les formes légales* et dans le pays où il doit acquérir force de loi; cette question me paraît décidée. Mais il est de fait que, le 23 mars, il n'y avait aucun obstacle à ce que ces ordonnances fussent publiées à Lille ; et quels qu'aient été les motifs qui aient déterminé le roi à ne point remplir cette formalité, il résulte nécessairement de ce défaut de publication :

1° Que, dans aucun cas, ces ordonnances ne pouvaient être considérées comme portant une date antérieure à celle de leur publication à Gand, dans le *Journal universel* du 14 avril 1815, et, selon moi, aucune date quelconque jusqu'à leur publication légale en France ;

2° Que, même quand on parviendrait à établir (ce que je regarde comme impossible) que la publication d'un acte de l'autorité royale dans une gazette étrangère doit être admise comme une publication légale, il faudrait encore que cette gazette, eût un caractère officiel, que le *Journal universel* n'avait pas ; et que la publication de ces ordonnances, celle de la relation des événements du 20 mars, et beaucoup d'autres circonstances peuvent bien le lui avoir donné *de fait*, mais ne peuvent pas lui avoir donné *de droit* ;

3° Enfin, qu'en supposant à ce *Journal uni-*

versel tous les caractères qui lui manquaient, il suffisait qu'il fût prohibé en France et qu'il ne pût pas y circuler, pour qu'en *bonne foi*, aussi bien qu'en *loi*, toute publication par cette voie dût être considérée comme *non* avenue.

RELATION

Des Événements qui se sont passés avant et depuis le 20 mars 1848, publiée à Gand dans le *Journal universel*, le 14 avril 1815, en même temps que les Ordonnances ci-dessus.

Une catastrophe aussi funeste qu'inattendue vient de frapper l'Europe d'étonnement. Un roi qu'environnaient la confiance et l'amour de son peuple s'est vu forcé de quitter sa capitale, et bientôt après ses États envahis par l'homme dont le nom ne rappelle que des calamités et des crimes; et la France, de l'état de paix et de prospérité qui lui avait été rendu a été, en moins de trois semaines, replongée dans l'abîme de maux qu'elle croyait fermé. Il est important de faire connaître par quelle progression de causes irrésistibles la trahison a pu enchaîner, dans cette circonstance, la force publique et la volonté nationale (1).

Ce fut le 5 mars que le roi apprit par une dépêche télégraphique le débarquement de Buonaparte à la tête de onze cents hommes sur le territoire français. Cette entreprise pouvait être considérée sous deux points de vue différents : c'était le résultat d'un complot secondé par de vastes intelligences, ou l'acte d'un insensé à qui son ambition et la violence de son caractère n'avaient pas permis de supporter plus longtemps un repos qui ne lui avait laissé que l'agitation des remords. Dans cette double supposition, il était nécessaire de prendre les mesures que suggérait la prudence et qu'aurait prescrites le plus éminent péril (2). Des ordres furent expédiés en toute hâte pour que les troupes se rassemblassent à Lyon. On recevait du commandant de Grenoble des avis satisfaisants, et la conduite de la garnison d'Antibes devait faire espérer que Buonaparte avait été trompé dans l'espoir d'attirer à son parti les troupes du roi. Dans le cas, cependant, où il eût formé quelques intelligences, un corps placé à Lyon devait l'arrêter (3). *Monsieur* partit le 6 au matin pour prendre le commandement de ce corps, et il fut suivi le lendemain par M. le duc d'Orléans.

Tous les maréchaux et généraux employés dans les départements eurent ordre de se rendre dans leurs commandements respectifs. Le maréchal Ney, qui commandait à Besançon et pouvait y seconder les opérations de *Monsieur*, vint prendre congé du roi. En baisant la main de Sa Majesté, il lui dit avec le ton du dévouement et un élan qui semblait partir de la franchise d'un soldat, que, s'il atteignait l'ennemi du roi et de la France, « *il le ramènerait dans une cage de fer.* » L'événement a fait voir quelle basse dissimulation lui inspirait alors le projet d'une perfidie que tous les militaires de l'Europe n'apprendront qu'avec horreur (4).

Monsieur fut reçu à Lyon avec enthousiasme ; tout y fut préparé pour la plus vigoureuse résistance, mais malheureusement il ne s'y trouvait aucunes munitions de guerre (5).

Bientôt on sut que la garnison de Grenoble avait ouvert les portes de cette ville, et qu'un régiment, parti de cette ville sous les ordres de M. de la Bédoyère, s'était uni aux rebelles. Il n'était encore arrivé à Lyon qu'un petit nombre de troupes; mais *Monsieur*, que le maréchal Macdonald s'était empressé de rejoindre, ne s'en décida pas moins à tenir derrière des barricades élevées à la hâte (6). Cependant à l'apparition des premiers dragons qui précédaient Buonaparte, une défection générale se mit dans les troupes de *Monsieur*. Toutes les remontrances du duc de Tarente furent vaines, et alors, comme depuis, les forces assemblées pour résister au torrent ne firent que le grossir et en alimenter la violence.

On apprit, le 10, par une dépêche télégraphique, et par conséquent sans aucun détail, que Buonaparte était entré à Lyon ce même jour. M. le duc d'Orléans revint à Paris le 12. *Monsieur* y arriva le lendemain. Les nouvelles qui suivirent firent craindre une suite rapide de désastres (7).

Cependant l'opinion, agitée par tant de craintes et de défiances cherchait ailleurs que dans l'ascendant d'un seul homme la cause de son déplorable succès (8). On ne voulait pas croire que la séduction de sa présence eût produit un tel effet sur les troupes. Le maréchal duc de Dalmatie, ministre de la guerre, avait été le dernier à soutenir en France, les armes à la main, la cause déjà perdue de Napoléon. On prétendit voir, dans cette ancienne marque de dévouement l'indice d'une trahison. Cette trahison ne fut point du tout prouvée, et on doit peut-être la mettre au nombre de ces calomnies populaires qui se répandent au moment des grands périls (9); mais la voix publique éclata contre le maréchal, et lui-même vint remettre entre les mains du roi sa démission et son épée. Sa Majesté, avec la confiance qui ne l'a jamais abandonnée au milieu des plus lâches perfidies, fit appeler le duc de Feltre, que l'estime générale indiquait à son choix, et lui rendit le portefeuille de la guerre qu'il avait eu sous Buonaparte jusqu'à l'époque de la restauration. Cette confiance du roi a été pleinement justifiée par la fidélité du duc de Feltre.

On ne pouvait plus songer qu'à faire rétrograder les troupes; en s'avançant vers l'ennemi, elles lui fournissaient presque partout des auxiliaires. On se décida à former un corps d'armée devant Paris et à réunir le plus grand nombre possible de gardes nationales et de volontaires (10). Dès le 18, M. le duc de Berri avait été nommé général de cette armée. Le maréchal Macdonald fut chargé de la commander sous ce prince.

Cependant les dispositions à prendre pour l'organisation des volontaires et des colonnes mobiles demandaient quelques jours (11). Chaque instant enfantait un nouveau danger. Buonaparte marchait avec rapidité. Plusieurs régiments qui s'étaient trouvés sur sa route l'avaient rejoint. Quelques-uns même s'étaient emparés en son nom de plusieurs villes de Bourgogne. L'un d'eux le devança dans Auxerre.

On conservait un faible espoir de maintenir dans le devoir les troupes de la première division militaire et celles qui formaient la garnison de Paris. Un péril imminent auquel on venait d'échapper par la fidélité du commandant de la Fère, et l'arrestation des traîtres d'Erlon et Lallemand (12), semblaient rassurer pour les départements du Nord. Le duc de Reggio, abandonné de la vieille garde, était parvenu à contenir les autres troupes qui étaient sous ses ordres. On voulut former, sous le commandement du duc de Trévise, une armée de réserve à Péronne, où les troupes réunies seraient moins exposées à la séduction. M. le duc d'Orléans partit pour s'y rendre (15).

Ce fut alors que le roi vint au milieu des représentants de la nation, dont il avait voulu s'entourer à la première approche du danger. Son discours aux deux Chambres fit une grande impression dans la capitale, dont les habitants n'ont témoigné qu'un sentiment, celui d'un entier dévouement au roi et à la patrie. Mais la garde nationale, composée en grande partie de pères de famille, ne pouvait fournir un nombre de volontaires suffisant pour donner quelqu'espoir de résistance. Le général Dessolles conseilla de mêler les citoyens aux soldats, pour retenir ceux-ci dans le devoir, et d'y joindre les corps de cavalerie de la maison militaire du roi.

Le 17, on reçut une nouvelle désastreuse : Le maréchal Ney, que l'on croyait à la poursuite des rebelles, s'était joint à eux ; son infâme proclamation appelait les troupes à partager son déshonneur. La ville de Sens, où l'on avait cru retarder la marche de Buonaparte, se déclarait hors d'état de résister. L'ennemi marchait sur Fontainebleau, et les troupes de Paris restaient muettes, ou ne laissaient apercevoir que le désir d'abandonner leurs drapeaux.

A peine eurent-elles été mises en mouvement, que ces mauvaises dispositions dégénérèrent en sédition ouverte. Dans la matinée du 19, l'on sut qu'il n'y avait pas en avant de Paris un seul régiment sur lequel on pût compter. Ainsi, rien ne pouvait plus arrêter la marche de Buonaparte, et le seul parti qui restât au roi était de se retirer avec sa maison militaire. Sa Majesté, qui avait envoyé M. le duc de Bourbon dans les départements de l'Ouest, et qui avait adressé à M. le duc d'Angoulême les pouvoirs nécessaires pour diriger les armements des provinces méridionales, pensa qu'elle devait se porter de préférence vers les départements du Nord, les places fortes de ces frontières pouvant servir de point de ralliement aux sujets fidèles. Le roi partit le 19 à minuit, et fut suivi une heure après par sa maison militaire, sous les ordres de *Monsieur* et de M. le duc de Berri.

Arrivé à Abbeville, le 20, à cinq heures de l'après-midi, le roi comptait y attendre les troupes de sa maison; mais le maréchal Macdonald ayant rejoint Sa Majesté, le 21, à midi, démontra au roi la nécessité de s'éloigner davantage. D'après son rapport, Sa Majesté prit la résolution de se renfermer à Lille (14), et envoya à sa maison militaire l'ordre de l'y rejoindre par la route d'Amiens.

Le 22, à une heure après midi, le roi, précédé par le duc de Tarente, entra dans Lille, où il fut accueilli par les plus vives démonstrations de l'amour et de la fidélité des habitants. Sa Majesté y avait été devancée par M. le duc d'Orléans, et par M. le duc de Trévise, qui avait cru devoir y faire rentrer la garnison (15). Cette dernière circonstance, dont le roi n'était pas instruit, pouvait déconcerter les plans de résistance qui venaient d'être formés. Si les troupes n'étaient pas rentrées, les gardes nationales et la maison du roi, secondées par le patriotisme des Lillois, auraient assuré au roi ce dernier asile sur le territoire français. Avec une garnison nombreuse et mal disposée, ce dessein paraissait de l'exécution la plus difficile. Sa Majesté persista toutefois à en faire la tentative. Déjà sa présence avait porté à son comble l'enthousiasme du peuple. Une foule empressée se portait sur ses pas, en faisant tous ses efforts pour émouvoir les soldats, en répétant sans cesse devant eux le cri de : *Vive le roi!* Ceux-ci moroses et glacés, gardaient un morne silence, présage alarmant de leur prochaine défection. En effet le maréchal Mortier déclara franchement au roi, qu'il ne pouvait répondre de la garnison (16). Questionné sur les expédients extrêmes qu'il serait possible d'employer, il déclara qu'il ne serait point en son pouvoir de faire sortir les troupes de la place.

Sur ces entrefaites, la déclaration promulguée à Vienne, le 13 mars, au nom de toutes les puissances européennes, parvint à Lille. Le roi l'y fit soudain répandre et afficher, espérant, mais inutilement, éclairer les troupes sur les funestes résultats dont leur trahison allait être suivie, et sur les malheurs inévitables qu'elle attirerait sur leur patrie.

Le 23, Sa Majesté sut que le duc de Bassano, faisant les fonctions de ministre de l'intérieur, avait envoyé au préfet de Lille des ordres de Buonaparte. Ce même jour, à une heure après midi, le maréchal Mortier vint dire au ministre de la maison du roi, que sur le bruit généralement répandu, que M. le duc de Berri allait arriver avec la maison militaire et deux régiments suisses, toute la garnison était prête à se soulever; qu'il conjurait le roi de partir, pour éviter le plus affreux malheur; qu'en escortant lui-même Sa Majesté hors des portes de la ville, il espérait imposer encore aux soldats, mais qu'il ne répondait de rien si l'on différait le départ d'un seul instant (17).

Le roi jugea devoir envoyer à sa maison militaire l'ordre de se porter sur Dunkerque (18), ordre qui malheureusement n'est point parvenu. Quant à lui, ne pouvant se rendre directement dans cette ville, il se dirigea sur Ostende (19). Sa Majesté partit de Lille à trois heures, accompagnée du maréchal Mortier, et suivie de M. le duc d'Orléans (20). Au bas du glacis le duc de Trévise se crut obligé de rentrer, pour prévenir les désordres que pourrait commettre la garnison pendant son absence (21). M. le duc d'Orléans rentra aussi dans la place, et n'en repartit que plusieurs heures après. Le général Macdonald n'a quitté le roi qu'aux portes de Menin, et jusqu'au dernier moment, a donné à Sa Majesté, ainsi que M. le duc de Trévise, la preuve consolante que la religion du serment et la foi de l'homme d'honneur n'étaient point dédaignées par tous les braves dont l'armée française s'enorgueillit.

Un piquet de la garde nationale de Lille, un détachement des cuirassiers et des chasseurs du roi ont suivi Sa Majesté jusqu'à la frontière. Quelques-uns de ces derniers, ainsi que plusieurs officiers, n'ont pas voulu l'abandonner et l'ont accompagnée sur le territoire de la Belgique. Le roi est arrivé à Ostende, espérant se rendre à Dunkerque, dès que cette ville serait occupée par sa maison militaire.

Pendant ce temps, cette malheureuse maison, à laquelle s'étaient joints un grand nombre de volontaires de tout âge et de tout état, avait suivi la même route que le roi avait prise pour se rendre à Lille. *Monsieur*, et M. le duc de Berri, toujours à la tête de cette brave élite, et en partageant les fatigues, avaient pu sans cesse en admirer l'héroïque constance. Des jeunes gens qui, pour la première fois, avaient chargé leur bras d'une arme pesante, des vieillards, faisant à pied des marches forcées, dans des

*

chemins qu'une pluie abondante et continue avait rendus presqu'impraticables, s'étaient associés à cette troupe fidèle, et n'ont été découragés ni par les privations, ni par l'incertitude d'une marche que la défection des garnisons voisines rendait à chaque instant plus périlleuse. Dans l'absence des ordres que le roi n'avait pu faire parvenir, et à la nouvelle que Sa Majesté était sortie de Lille, la colonne se porta directement sur la frontière; mais ne pouvant défiler assez promptement pour suivre tout entière le maréchal Marmont, qui la dirigeait, sous les ordres des princes, avec un zèle et une activité dignes d'un meilleur succès, engagée dans un terrain fangeux, d'où les chevaux ne pouvaient sortir qu'avec une extrême difficulté, une partie de ces infortunés a été forcée de rester en arrière : *Monsieur,* craignant que leur dévouement ne leur fît courir des périls inutiles, les a laissés libres de se retirer. Bientôt surpris et renfermés dans Béthune, par des ordres reçus de Paris, ils n'ont pu même tous se disperser, et ils n'ont laissé à

Monsieur que l'espoir de réunir successivement auprès de lui, tous ceux qu'il pourrait recueillir sur la frontière, où il est resté dans ce dessein.

C'est le 25, à huit heures du soir, que le roi a su *Monsieur* arrivé à Ypres, et que la nouvelle du sort qu'éprouvait sa maison militaire, est venue ajouter au fardeau des sentiments douloureux dont il était accablé.

Au milieu de ces désastres, Sa Majesté a reçu d'éclatants témoignages de fidélité; mais ils doivent encore, en quelque sorte, aggraver ses regrets. C'est un peuple bon, sensible, qu'il a laissé en proie à tous les excès d'une soldatesque égarée. Ce sont des serviteurs dévoués, courageux, qu'il n'a pu même rassembler autour de lui. Ce sont des traits de constance inébranlable dans plusieurs chefs, les plus distingués de cette armée, que le roi voudrait encore nommer la sienne, auxquels il ne peut jusqu'ici offrir d'autre récompense que le prix d'estime et d'éloges que la France et la postérité leur décerneront un jour.

Depuis l'arrivée de Sa Majesté à Ostende, elle a su par M. le duc d'Orléans, que l'ordre de l'arrêter, ainsi que tous les princes, était parvenu au maréchal Mortier. Un officier d'état-major, porteur d'une dépêche du maréchal Davoust, où était renfermé le même ordre, est arrivé ensuite à Lille, lorsque le roi en était déjà sorti, mais le duc de Trévise a fait en sorte que rien ne transpirât avant le départ de M. le duc d'Orléans.

Cette relation des principaux faits que présente la courte et malheureuse époque dont le tableau vient d'être retracé, peut faire juger des subites et innombrables difficultés dont le roi s'est vu environné! Jamais événements plus inopinés et plus rapides n'ont changé la face d'une vaste monarchie; mais jamais opposition plus marquante entre l'esprit du soldat et du citoyen n'a éclaté chez un peuple. Grande leçon pour les nations qui auraient l'imprudence de se soumettre à un gouvernement militaire (22).

Au reste, la défection simultanée et presque générale de l'armée n'a été, comme on le voit, fondée sur aucun motif qui puisse l'attacher longtemps au sort de l'homme dont le trop funeste ascendant l'entraîne aujourd'hui. Le pacte tacite qu'il a fait avec elle sera bientôt rompu par les revers qui l'attendent. Ce n'est point Buonaparte proscrit, rejeté et bientôt accablé par l'Europe entière, que cette soldatesque crédule a voulu suivre : c'est le dévastateur du monde qu'elle a vu prêt à lui en rendre les dépouilles. Le prestige détruit, Buonaparte perdra bientôt sa force empruntée. C'est cet instant, c'est la réflexion qui suit l'ivresse d'une grande erreur, que le roi attend avec toute l'impatience que lui donnent les heureux résultats qu'il en espère (23).

NOTES

SUR LA RELATION PRÉCÉDENTE.

Note 1, *page* 214.

Et la France, de l'état de paix et de la prospérité qui lui avait été rendue, a été, en moins de trois semaines, replongée dans l'abîme de maux qu'elle croyait fermé. Il est important de faire connaître par quelle progression de causes irrésistibles la trahison a pu enchaîner dans cette circonstance la force publique et la volonté nationale.

Ce début donne au lecteur l'espérance de trouver dans la Relation le développement de cette *progression de causes irrésistibles* dont l'effet a été si prompt et si terrible, mais cette espérance n'est point réalisée. Ce développement aurait été l'histoire de la marche de l'opinion, et si une fois l'auteur de la Relation avait entamé ce sujet, il aurait été entraîné à convenir que c'est cette marche irrésistible qui a déterminé la chute du roi et le succès de Buonaparte. Or, après un tel aveu il aurait bien pu entretenir le public de la progression des événements et des défections successives qui les ont amenés ou accélérés, mais il aurait été forcé de renoncer à les présenter à l'Europe, comme le résultat *d'un complot secondé par de vastes intelligences* (*a*), dont au reste on chercherait en vain dans sa Relation les détails ou les preuves. Je suis convaincu qu'il n'y a eu ni complot, ni conspiration, et ce qui me confirme dans cette opinion, c'est que je n'en ai vu nulle part aucun indice, et que tous les efforts qu'on a faits pour en découvrir ont toujours été infructueux. La cause de la chute du roi a eté l'état de l'opinion. Buonaparte a eu connaissance de cet état de l'opinion, et avec l'audace qui a presque toujours caractérisé ses entreprises, il a tout risqué pour en profiter, et il a réussi. C'est la seule conspiration que j'aie vu de son côté. Si l'opinion de la nation française avait été telle qu'on la représente fréquemment dans la Relation publiée à Gand, il n'y a pas de conspiration qui eût pu la comprimer, ou, pour me servir des expressions de l'auteur, *qui eût pu enchaîner la volonté nationale*. La même Relation nous parle d'une opposition complète entre l'opinion de l'armée et celle de la nation ; elle nous dit que *jamais opposition plus marquante entre l'esprit du soldat et du citoyen n'a existé chez un peuple* (*b*). Cependant cette prétendue opposition ne s'est manifestée par aucun acte, et je ne crois pas qu'elle pût exister. Nos armées modernes sont trop nombreuses et ont trop de ramifications dans toutes les classes de l'État, pour qu'il puisse y avoir une différence complète entre l'opinion nationale et celle de l'armée. Il peut y avoir eu des nuances, et je crois qu'il y en a eu ; mais ces nuances ne portaient que sur les moyens d'atteindre le but. La plupart des Français désiraient, ainsi que l'armée, un changement de système qui mît un terme aux prétentions de la cour, et qui calmât les alarmes que cette influence toujours croissante avait généralement répandues. Voilà ce que voulait la nation et ce qu'elle attendait du roi. Je suis

(*a*) Voyez la relation publiée à Gand, page 214, ligne 9.

(*b*) Voyez la relation publiée à Gand, page 228, ligne 19.

persuadé que si la *volonté nationale* n'avait pas été méconnue, peut-être même dédaignée, la nation n'aurait pas témoigné pour la cause du roi, cette indifférence qui lui a été fatale. Il est de fait que depuis le moment où Buonaparte a débarqué avec mille hommes, jusqu'à celui où le roi a quitté la France (c'est-à-dire, pendant vingt-trois jours), le roi n'a reçu aucune assistance de la nation; et comme il est dit très-justement dans la Relation de Gand : *Les forces assemblées pour résister au torrent. ne firent que le grossir et en alimenter la violence* (c).

Il n'y a pas de conspiration qui puisse produire un pareil résultat. Aussi ceux qui voyaient toujours des conspirations partout, ceux auxquels tous les événements de la révolution n'avaient jamais cessé de paraître le résultat d'autant de conspirations, sentirent eux-mêmes que l'aveu d'une conspiration nationale contre le roi et son gouvernement, pourrait produire sur l'opinion de l'Europe, un effet contraire à celui qu'ils se proposaient. Ils n'abandonnèrent pas entièrement le moyen banal d'attribuer le résultat de leurs propres fautes à des conspirations qu'ils prétendent ensuite qu'on doit réprimer et punir; mais ils s'attachèrent en même temps à représenter la nation française aux puissances étrangères, « *comme un peuple bon et sensible que le roi avait laissé en proie à tous les excès d'une soldatesque égarée* » (*d*), et à montrer à l'Europe cette armée française, dont le seul nom l'alarmait encore, « *comme une soldatesque crédule,* » qui suivait dans Bonaparte « *le dévastateur du monde, qu'elle » voyait prêt à lui en rendre les dépouilles* » (*e*).

Ces différents thèmes pouvaient présenter l'avantage de remplir des vues du moment, et de satisfaire des passions particulières; mais ils ont essentiellement contribué à faire

(*c*) Voyez la relation publiée à Gand, page 216, ligne 13.

(*d*) Voyez la relation publiée à Gand, page 227, ligne 13.

(*e*) Voyez la relation publiée à Gand, page 317, ligne 8.

méconnaître la source et la véritable cause du mal qui était l'état de l'opinion ; et je suis persuadé que si le roi l'avait bien connue, et surtout s'il avait voulu agir en conséquence, il n'aurait pas eu de peine à la conserver, ni même à la reconquérir, lorsqu'il a dû s'apercevoir que sa cour l'aliénait. Je suis également persuadé que si l'opinion n'avait pas été ce qu'elle était devenue, Buonaparte n'aurait pas formé cette entreprise extraordinaire, dont le succès a été si étonnant, et néanmoins si facile.

Note 2, *page* 214.

Il était nécessaire de prendre les mesures que suggérerait la prudence, et qu'auraient prescrites le plus éminent péril.

Quiconque aura lu ce qui précède, peut juger si les mesures qui furent adoptées alors, étaient de cette nature. Non seulement, il n'était pas permis de croire que le *péril* fût *imminent*, mais il suffisait d'exprimer quelques craintes sur le succès de Buonaparte et la solidité du trône du roi, pour être immédiatement soupçonné de désirer sa chute. Je ne puis assez répéter que ces illusions et les fausses mesures qu'elles ont constamment fait adopter, ont été les meilleurs auxiliaires de Buonaparte dans son entreprise.

Note 3, *page* 215.

Dans le cas cependant où Buonaparte aurait formé quelques intelligences, un corps placé à Lyon devait l'arrêter.

Ce corps n'a jamais été rassemblé, et il est évident qu'il n'aurait pu l'être, qu'autant que Buonaparte aurait été retenu assez longtemps en Dauphiné, pour que les troupes auxquelles on avait donné l'ordre de se rendre à Lyon, eussent eu le temps d'y arriver. Quant aux personnes que l'auteur de cette Relation suppose avoir été d'intelligence avec Buonaparte, je ne comprends pas pourquoi elles auraient attendu, pour se déclarer, que ce corps fût réuni à Lyon, surtout après la prise de Grenoble.

Note 4, page 215.

J'ai déjà manifesté mon opinion sur le maréchal Ney, et je me réfère à ce que j'ai dit dans mon récit de la journée du 13 mars (*f*).

Note 5, page 215.

Tout fut préparé à Lyon pour la plus vigoureuse résistance; mais malheureusement il ne s'y trouvait aucunes munitions de guerre.

Ces deux assertions sont contradictoires. Il est clair qu'il ne pouvait pas y avoir une *vigoureuse résistance*, là où il n'y avait *aucunes munitions de guerre*, et où on était dépourvu de tout (*g*).

Note 6, page 216.

Il n'était encore arrivé à Lyon qu'un petit nombre de troupes (le 20e de ligne, venu de Montbrison) ; *mais* MONSIEUR, *que le maréchal Macdonald s'était empressé de rejoindre, ne s'en décida pas moins à tenir derrière des barricades élevées à la hâte.*

Il n'y avait à Lyon d'autres barricades que celles du pont de la Guillotière, qu'on eut, en effet, beaucoup de

(*f*) Voyez le 1er vol., page 82, ligne 16.

(*g*) Voyez le 1er vol. Journée du 9 mars, page 29, ligne 1.

peine à former, mais qui fut ouverte très-aisément et sans aucune résistance par les troupes qui formaient l'avant-garde de Buonaparte.

L'assertion que le *maréchal Macdonald s'était empressé de rejoindre Monsieur* (*h*) n'est pas plus exacte. L'auteur de la Relation paraît avoir cru nécessaire de se servir du langage de la cour, et d'attribuer au maréchal Macdonald *un empressement* qu'il n'avait ni ne pouvait avoir. Il est extraordinaire que l'auteur eût oublié (car il est difficile qu'il ne l'ait pas su) que le maréchal Macdonald n'était pas destiné à accompagner *Monsieur*, que cette destination avait été assignée au maréchal Gouvion-Saint-Cyr, et que c'était par hasard, et non pas par empressement, que le maréchal Macdonald s'était trouvé à Lyon auprès de *Monsieur* (*i*).

Note 7, *page* 216.

Il y avait certainement beaucoup de raisons pour craindre une *suite rapide de désastres;* mais les détails que j'ai donnés, et le récit de mes conversations à mon retour de Lyon, doivent avoir donné une idée exacte du peu d'impression que ces nouvelles avaient faites sur la cour, et surtout de l'inefficacité des mesures qu'on prit pour arrêter cette *suite rapide de désastres.*

Note 8, *page* 217.

L'opinion, agitée par tant de craintes et de défiances, cherchait ailleurs que dans l'ascendant d'un seul homme, la cause de son déplorable succès.

Ceci est un aveu précieux, qui fait présumer que la véri-

(*h*) Voyez la relation publiée à Gand, page 216, ligne 7.

(*i*) Voyez le 1er vol. Journées des 7 et 8 mars, pages 21 et 22.

ritable *cause de ce déplorablé succès* n'était pas inconnue à l'auteur de la Relation, et qu'il avait sur l'état de l'opinion des notions plus exactes que celles qu'il a manifestées dans la suite de ce récit.

Note 9, page 217.

Pour que le lecteur puisse comprendre la Relation de la *Gazette de Gand*, il n'est peut-être pas inutile d'expliquer que le mot ON est employé pour désigner la cour sans nommer personne ; ainsi, dans ce paragraphe : ON *ne voulait pas croire que la séduction de sa présence eût produit un tel effet sur les troupes*..... ON *prétendit voir l'indice d'une trahison*... signifient que c'est LA COUR qui *ne voulait pas croire*..... LA COUR qui *prétendit voir l'indice dans cette ancienne marque de dévouement* que le maréchal duc de Dalmatie avait donnée à Napoléon, en étant *le dernier à soutenir, les armes à la main* (en 1814), *sa cause déjà perdue*. Le public ne partageait pas plus les opinions de la cour sur ces points là que sur bien d'autres ; mais il attendait les événements en silence, ne manifestant que de l'indifférence sur ce qui se passait, sans s'embarrasser des conspirations et des trahisons dont on s'entretenait à la cour.

Il est à remarquer que ce même maréchal, duc de Dalmatie que la Relation publiée à Gand le 14 avril, absout de l'accusation de trahison, en disant : *Qu'elle ne fut point du tout prouvée, et qu'on doit peut-être la mettre au nombre de ces calomnies populaires qui se répandent au moment des grands périls* (*k*), soit néanmoins le premier individu porté sur la liste de la seconde classe de ceux qui furent compris dans l'ordonnance du 24 juillet 1815, quoique cette ordonnance ne dût frapper que ceux qui s'étaient rendus coupables avant que le roi ne fût sorti de France, c'est-à-dire, antérieurement au 23 mars.

(*k*) Voyez la relation publiée à Gand, page 217, ligne 11.

Note 10, *page* 218.

On se décida à former un corps d'armée devant Paris, et à réunir le plus grand nombre possible de gardes nationales et de volontaires.

Quoique ce projet fût devenu à peu près inexécutable depuis que la défection d'une partie des troupes avait ébranlé le reste, on persistait à s'en occuper exclusivement, et on en attendait toujours les plus grands résultats. Ce fut dans cette illusion que les places de la frontière du Nord furent dégarnies, non-seulement de la presque totalité des troupes de ligne qui composaient leurs garnisons, mais aussi de ces gardes nationales et de ces volontaires, qu'on appelait encore à Paris par télégraphe le 18 mars, et avec lesquels, cependant, on prétendit ensuite qu'on aurait pu défendre ces mêmes places, si on les y avait trouvés le 22. Mais la Relation ne nous apprend pas ce qui empêcha de réunir devant Paris ce *plus grand nombre possible de gardes nationales et de volontaires;* cependant, il paraît que cette réunion éprouva des obstacles insurmontables, puisqu'il est dit plus loin : *Dans la matinée du* 19, *on sut qu'il n'y avait pas en avant de Paris, un seul régiment sur lequel on pût compter. Ainsi rien ne pouvait plus arrêter la marche de Buonaparte, et le seul parti qui restât au roi était de se retirer avec sa maison militaire.* (*l*). Si rien ne pouvait plus arrêter la marche de Buonaparte, si le 19 mars il ne restait plus au roi que sa maison militaire, il ne s'était donc pas réuni devant Paris un bien grand nombre de gardes nationales et de volontaires; et cet *esprit du citoyen*, si favorable au roi, et si opposé, selon la Relation de Gand, *à celui du soldat,* ne lui avait donc procuré aucuns bras pour sa défense.

(*l*) Voyez la relation publiée à Gand, page 220, ligne 21.

Note **11**, *page* 218.

Cependant les dispositions à prendre pour l'organisation des volontaires et des colonnes mobiles demandaient quelques jours. Chaque instant enfantait un nouveau danger.

Je crois qu'il n'a été question de ces *colonnes mobiles* que dans la Relation de Gand ; et si on s'est occupé d'en réunir, ce que j'ignore, je puis au moins assurer qu'on n'en a formé aucune. En général, les colonnes mobiles ont pour objet de comprimer les insurrections des peuples, et de désarmer les habitants ; et c'est probablement ce parti que les gouvernements républicains ont tiré des colonnes mobiles dans les guerres de la Vendée, qui a fait penser à l'auteur de la Relation, que le roi aurait dù en organiser dans cette circonstance ; cependant, plus on se rapprochait de son opinion de l'*esprit du soldat à celui du citoyen*, plus cette mesure devait paraître inutile.

Note **12**, *page* 219.

Relativement au mouvement des garnisons du Nord, je ne puis que référer aux détails que j'en ai déjà donnés dans mon récit de la journée du 13 mars(*m*).

Note **13**, *page* 219.

On voulut former, sous le commandement du duc de Trévise, une armée de réserve à Péronne, où les troupes réunies seraient moins exposées à la séduction. M. le duc d'Orléans partit pour s'y rendre.

Il paraîtra au moins bizarre à quiconque aura lu *mes*

(*m*) Voy. mon récit de la Journée du 13 mars, p. 71 et suiv. 1er vol.

lettres de service (*n*), et toutes les conversations dont j'ai rapporté les détails, que dans une Relation publiée sous les yeux du roi, on ait osé établir que le commandement dont le roi m'avait investi, avait été donné au duc de Trévise, et insinuer que c'était de ma propre volonté que j'avais été rejoindre l'armée commandée par ce maréchal.

Quant à l'assertion que *les troupes réunies seraient moins exposées à la séduction*, il est extraordinaire d'entendre dire qu'on regardait la réunion des troupes comme un moyen d'arrêter les progrès de la séduction, tandis que le roi et ses ministres m'avaient formellement recommandé de les tenir assez éloignées les unes des autres, précisément pour prévenir la contagion (*o*).

Note 14 *page* 221.

D'après le rapport du maréchal Macdonald, Sa Majesté prit, le 21 *à midi, la résolution de se renfermer à Lille.*

Cet aveu de l'auteur de la Relation est d'autant plus important, qu'il confirme pleinement tout ce que j'ai déjà dit dans mon journal, pour démontrer que le roi n'avait arrêté aucun projet sur les places, avant le moment où il a quitté Paris, et que, par conséquent, il n'avait pu donner aucunes instructions à cet égard (*p*).

Note 15, *page* 222.

Sa Majesté avait été devancée à Lille par M. le duc d'Orléans et par le duc de Trévise qui avait cru devoir y faire rentrer la garnison. Cette dernière circonstance dont le roi

(*n*) Voyez mon récit de la Journée du 6 mars, 1er vol.

(*o*) Voyez mon récit de la Journée du 15 mars, 1er vol.

(*p*) Voyez mon récit de la Journée du 22 mars, 1er vol.

n'était pas instruit, pouvait déconcerter les plans de résistance qui venaient d'être formés.

C'est sans doute parceque l'auteur de la Relation ignore que je commandais dans les départements du Nord, qu'il attribue la rentrée des troupes de la garnison de Lille au duc de Trévise et non à moi. Quoi qu'il en soit, il est étonnant qu'on prétende que cette rentrée de la garnison de Lille, dont *le roi n'était pas instruit*, (quoique j'en eusse informé le roi et le ministre de la guerre par mes lettres de Péronne et de Lille) *pouvait déconcerter les plans de résistance qui venaient d'être formés*. Je n'ai jamais connu ces plans et je crois avoir prouvé dans mon journal qu'il n'y en avait aucun (*q*). Je crois surtout avoir prouvé que celui de défendre Lille « *avec les gardes nationales et la maison militaire du roi, et d'assurer au roi ce dernier asile sur le territoire français* » (*r*), était absolument inexécutable, tandis que je ne comprends pas encore pourquoi le roi n'a pas entrepris de défendre avec ces moyens la place de Dunkerque qui en était susceptible, et où rien ne l'empêchait de l'essayer. L'auteur de la Relation a soigneusement évité de donner aucun éclaircissement sur ce point. Il ne donne de même aucun aperçu de *ces plans de résistance qui venaient*, selon lui, *d'être formés*, et néanmoins il reproche au maréchal Mortier de les avoir *déconcertés* par la rentrée de la garnison à Lille !

Note 16, *page* 223.

Le maréchal Mortier déclara franchement au roi qu'il ne pouvait répondre de la garnison.

Il me semble qu'en disant que le maréchal Mortier avait fait cette déclaration au roi, la bonne foi autant que la re-

(*q*) Voyez mon récit de la Journée du 17 mars, 1er vol.

(*r*) Voyez la relation publiée à Gand, page 212, ligne 11.

connaissance exigeaient que l'auteur de la Relation rapportât aussi ce que ce maréchal répondit en même temps à une autre question que le roi lui fit, « que, dans ce moment-là, Sa Majesté ne courait aucun danger, et qu'elle n'en courrait aucun, tant qu'il aurait une goutte de sang dans les veines (s).

Note 17, *page* 224.

Qu'il (*le maréchal Mortier*) *conjurait le roi de partir pour éviter le plus affreux malheur; qu'en escortant lui-même Sa Majesté hors des portes de la ville, il espérait imposer encore aux soldats, ce qui lui deviendrait impossible, si on différait le départ d'un seul instant.*

Le maréchal Mortier n'a rien dit de tout cela ; il a déclaré que : « le roi ne pouvait pas être en sûreté à Lille ; » mais il n'a jamais insinué que ses jours fussent en danger, il a même dit le contraire. Loin d'avoir témoigné la crainte de ne pouvoir pas en *imposer aux soldats*, il a répondu que la garnison ne se porterait à aucun excès contre la personne du roi, et qu'elle ne mettrait aucun obstacle à son départ. En outre, lorsqu'à midi (et non pas à une heure, comme il est dit dans la Relation (t)) le roi lui notifia, ainsi qu'à moi, la résolution qu'il avait prise de partir à trois heures, le maréchal n'exigea pas que son départ *ne fût pas différé d'un seul instant ;* il ne fit aucune objection, et le roi ne sortit en effet de Lille qu'après trois heures (u).

Note 18, *page* 224.

Le roi jugea devoir alors (*le* 23 *mars à une heure après*

(s) Voyez le 1er vol. Journée du 22 mars.

(t) Voyez la relation publiée à Gand, page 223, ligne 19.

(u) Voyez le 1er vol. Journée du 23 mars.

midi) envoyer à sa maison militaire l'ordre de se porter sur Dunkerque.

Il y a ici une erreur de date. Cet ordre a été expédié dans la soirée du 22, lorsque le roi avait pris la résolution de se rendre directement de Lille à Dunkerque, et non pas le 23, lorsque son départ pour Ostende était déjà arrêté. (*v*)

Note 19, *page* 224.

Quant à lui (le roi), ne pouvant se rendre directement dans cette ville (Dunkerque), il se dirigea sur Ostende.

Je crois avoir établi que le roi pouvait et devait l'entreprendre. J'ignore encore ce qui l'en a empêché ; mais quels qu'aient été ses motifs, il paraît que l'auteur de la Relation les ignorait aussi, ou qu'il n'a pas voulu les faire connaître, puisqu'il s'est borné à affirmer une impossibilité qui n'existait pas (*x*).

Note 20, *page* 224.

Sa Majesté, partit de Lille à trois heures, accompagnée du maréchal Mortier, et suivie de M. le duc d'Orléans.

Je n'entends pas quel peut avoir été le but de la Relation en établissant cette distinction entre le maréchal Mortier et moi.

Note 21, *page* 224.

Au bas du glacis, le duc de Trévise se crut obligé de rentrer pour prévenir les désordres que pourrait commettre la garnison pendant son absence.

(*v*) Voyez le 1er vol. Journée du 22 mars.

(*x*) Voyez le 1er vol. Journée du 22 mars.

**

Il n'y avait rien à craindre à cet égard ; mais si le maréchal duc de Trévise n'était pas rentré immédiatement dans la place, la garnison aurait pu croire qu'il allait aussi quitter la France et suivre le roi en pays étranger. Je me rappelle même qu'il dit au roi que c'était cette crainte qui l'empêchait de l'accompagner jusqu'à la frontière, et que d'ailleurs il le croyait inutile, puisque le maréchal Macdonald devait avoir cet honneur.

Note 22, *page* 228.

Grande leçon pour les nations qui auraient l'imprudence de se soumettre à un gouvernement militaire.

Cette remarque porte à croire que l'auteur de la Relation suppose que les nations ont la faculté de ne se soumettre à un gouvernement que quand il leur convient ; quoi qu'il en soit, il n'est que trop vrai que les malheurs de la France présentent de *grandes leçons !* Mais ce n'est pas seulement aux grandes nations, c'est surtout aux rois et aux princes qu'il conviendrait d'en profiter. C'est à eux et à leurs cours qu'il importe de faire sentir les dangers du despotisme et du gouvernement militaire, et les malheurs qui en résultent tôt ou tard. Ce ne sont ni les nations, ni même les armées modernes, qui désirent le despotisme militaire, et je suis persuadé que dans l'état actuel des opinions et des lumières des hommes, un système sage et constitutionnel est le meilleur moyen de consolider un trône et de préserver une nation du despotisme militaire et de celui des courtisans.

Note 23, *page* 229.

C'est cet instant, c'est la réflexion qui suit l'ivresse d'une grande erreur, que le roi attend avec l'impatience que lui donnent les heureux résultats qu'il en espère.

Je crois que le roi aurait attendu longtemps les *heureux résultats* qu'il espérait, s'il avait dû attendre que la *force empruntée de Buonaparte* lui fût enlevée *par la réflexion qui suit l'ivresse d'une grande erreur*.

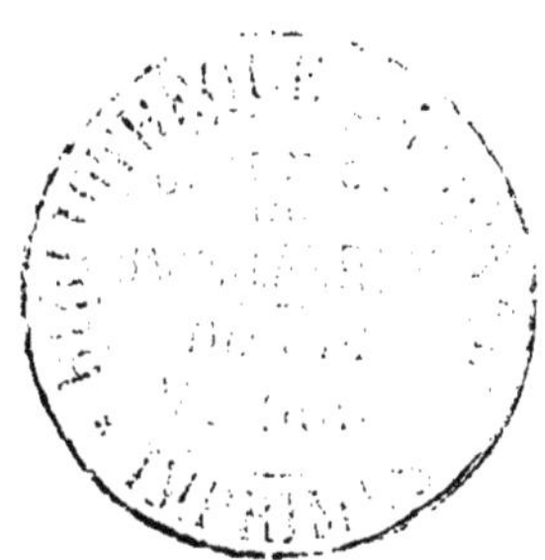

FIN DU SECOND ET DERNIER VOLUME.

TABLE

DU DEUXIÈME VOLUME.

FIN DE LA TABLE DU SECOND ET DERNIER VOLUME.

Poissy, imp. de G. Olivier.

www.ingramcontent.com/pod-product-compliance
Ingram Content Group UK Ltd.
Pitfield, Milton Keynes, MK11 3LW, UK
UKHW022053260726
13993UKWH00001B/97